Hans Fischer

Schau über Dich

Instruktion für Freimaurermeister

3. Auflage 2025
www.damca.de

Fotos und Abbildungen:
Michael Zapf (S. 20, 25, 28, 30, 44, 45, 46, 55, 58)
DAMCA Verlag (S. 57)
Hans Fischer (S. 19, 20, 30, 33, 36, 37, 39, 40, 46, 70, 78, 79, 80, 125)
WikiCommons (S. 23-25, 28, 29, 42, 43, 75)

Layout: Shumin

su design

Druck: Libri Plureos GmbH, Friedensallee 273,
22763 Hamburg
ISBN: 978-3-910853-06-5

Die Deutsche Nationalbibliothek verzeichnet diese Publikation in der Deutschen Nationalbibliografie; detaillierte bibliografische Daten sind im Internet über www.dnb.de abrufbar.

Prudktinformation: DAMCA Verlag, Dorfstraße 6 d, 22941 Jersbek
Tel: 04532 2687565

3. überarbeitete und ergänzte Auflage

DAMCA Verlag

DAMCA

Weitere Bücher von Dr. Hans Fischer
im DAMCA-Verlag

Schau in Dich
Instruktion für Freimaurerlehrlinge
3. überarbeitete und ergänzte Auflage 2025

Schau um Dich
Instruktion für Freimaurergesellen
3. überarbeitete und ergänzte Auflage 2025

Das Ritaul
Dramaturgie und Ablauf
3. überarbeitete und ergänzte Auflage 2025

Inhaltsverzeichnis

Der Geist beherrscht die Materie vollkommen

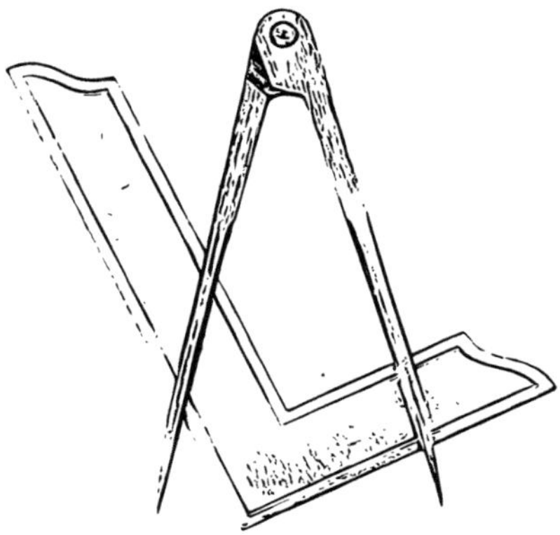

1. Vorwort

Mit der vorliegenden Instruktion für Meister („Schau über Dich“) sollen insbesondere die Meister in der freimaurerischen Instruktion unterstützt werden. Dieser schriftliche Leitfaden ersetzt keinesfalls die von den verantwortlichen Beamten angeleitete Instruktion in der Loge. Er ist deshalb ideal zum Selbststudium vor und nach den Instruktionen oder Werklehren geeignet.

Es sei darauf verwiesen, dass die in diesem Buch beschriebenen Inhalte des Meistergrades je nach Art der Obödienz oder des in der jeweiligen Loge praktizierten Ritus Abweichungen enthalten können.

Die Instruktion für Lehrlinge („Schau in Dich“) und die Instruktion für Gesellen („Schau um Dich“) sind als ausführliche Grundlagen weiterhin die Basisinstruktionen für die Meister. Daher wird in der vorliegenden Instruktion für Meister nur ausnahmsweise - dort wo es sinnvoll ist - ein Thema mit dem Lehrlings- oder Gesellengrad verglichen.

Zudem werden bewusst von Ritus zu Ritus unterschiedliche Praktiken erwähnt, um die bereichernde geistige Offenheit zu fördern.

„Schau in Dich“ – den rauen Stein zu behauen, ist die Aufgabe des Lehrlings. „Schau um Dich“ – nach Recht und Pflicht in der Gemeinschaft zu leben und zu handeln, lernt der Geselle.

„Schau über Dich“ – einsam der Stunde des Todes getrost entgegenzusehen, das ist die Kunst des Meisters.

Mit dieser Instruktion werden keine „Geheimnisse“ verraten, die man nicht auch an anderer Stelle frei recherchieren könnte.

Letztlich liegt das freimaurerische Geheimnis im Erleben des Rituals in brüderlicher Gemeinschaft.

Br. Hans Fischer

2. Um was es geht: Das Gemeinsame vor dem Andersartigen!

Es gibt zahlreiche Unterschiede in den drei Ritualen zur Initiation, zur Beförderung und zur Erhebung.

Das Schlusswort von Br. G. Imhof, Autor von „Kleine Werklehre der Freimaurerei, Das Buch des Meisters" (1983), bringt es treffend auf den Punkt:

„Ich habe die Freimaurerei in ihrer Gesamtheit kennengelernt und habe viel über diese Tatsache nachgedacht. Dabei bin ich zu der Einsicht gekommen, dass, trotz der formalen Gegebenheiten in der Ausgestaltung des Ritus die Maurerei gegebener Weise an Klima und Landschaft und an die aus ihr strömenden und formenden Kräfte gebunden ist.

So wurde mir die Vielgestaltigkeit der Maurerei immer bewusster, und ich habe mich in steigendem Maße von der Idee einer formalen Einheit unserer Lehre abgewendet. Darum habe ich bei der Begegnung mit den verschiedenen Lehrarten das Andersartige wohl klarer erkannt, doch bemühte ich mich heiß, das allen Gemeinsame zu finden."

Die Erhebung macht uns nicht zum Meister!

Selbst wenn wir rituell die Erhebung zum Meister erreicht haben, selbst wenn wir im Ritual bestätigen, dass wir die Akazie kennen, sind wir immer noch Lehrlinge, sind wir immer noch Gesellen, solange wir nicht alles erfasst haben.

Die Meisterschaft ist nie vollkommen, keiner mag sich rühmen, dort angelangt zu sein. Wir haben noch viele Reisen zu unternehmen. Denn keine Wahl und keine Einweihungszeremonie haben die Macht, den wahren Meister hervorzubringen. Erst wenn wir gelernt haben, alle Regeln der Kunst richtig anzuwenden und den Weg nach innen nach ethischen und moralischen Grundsätzen erfolgreich zu begehen, erst dann werden wir wahre Meister.

Auch wenn wir zum Meister erhoben worden sind, dürfen wir nicht glauben, ausruhen und im Eifer nachlassen zu dürfen, wie das leider häufig geschieht. Im Gegenteil, wir müssen uns des Namens eines Meisters erst recht würdig erweisen und uns diese Würde jeden Tag neu erwerben. Mit der ganzen Seele auf die Symbole im Ritual konzentrieren!

Nochmals Br. G. Imhof:

„Rituale, die streng abgewogen sind und sich nach Vorschrift abzuwickeln haben, sind eine wunderbare Schulung. Sie sprechen durch die Symbole zu uns, die im Ritual in klarer Form geordnet sind. Je öfter wir uns an diesen rituellen Arbeiten beteiligen, je mehr werden wir die Möglichkeit haben, in den tiefen Sinn der Symbole einzudringen.

Es genügt allerdings nicht, dass wir es bloß im äußerlichen Ablauf der Rituale zur Perfektion bringen, die Form beherrschen und dabei innerlich unbeteiligt bleiben. Jedes Mal müssen wir uns neu mit ganzer Seele auf den Gehalt stürzen, müssen uns konzentrieren, dass uns nichts in unserem Gedankenfluss mehr stören kann und alles Äußere keine Ablenkung für uns bedeutet.“

Auf den Punkt gebracht:

- Der Lehrling strebt nach Selbsterkenntnis.
- Der Geselle bewährt sich in der Gemeinschaft.
- Der Meister vereint sich mit dem Universum.

3. Loge (Aufbau, „Hardware“)

3.1 Aufbau des Tempels im Meistergrad

Beim Meisterritual ist der Tempel schwarz ausgekleidet. Auf dem Tapis brennt die Flamme auf dem kubischen Stein. Im Orient erscheint das Hexagramm, Sonne und Mond fehlen. Weiter sind Sinnbilder des Todes vorhanden und ein Akazienzweig.

Br. Jan Snoek zeigt in seinem Werk (siehe J. Snoek, 2011) Einflüsse der Theosophie auf die Freimaurerei, z.B. „die Regel, dass in der Loge immer mit der Sonne", also „rechtsherum gelaufen wird".

Wichtig:

Die Anordnung der Symbole im Tempel kann je nach Loge verschiedenartig sein, d.h. beispielsweise können J∴ und B∴, aber auch die drei kleinen Lichter vertauscht sein. Auch können die Einrichtungen und Symbole von Ritus zu Ritus sehr individuell sein.

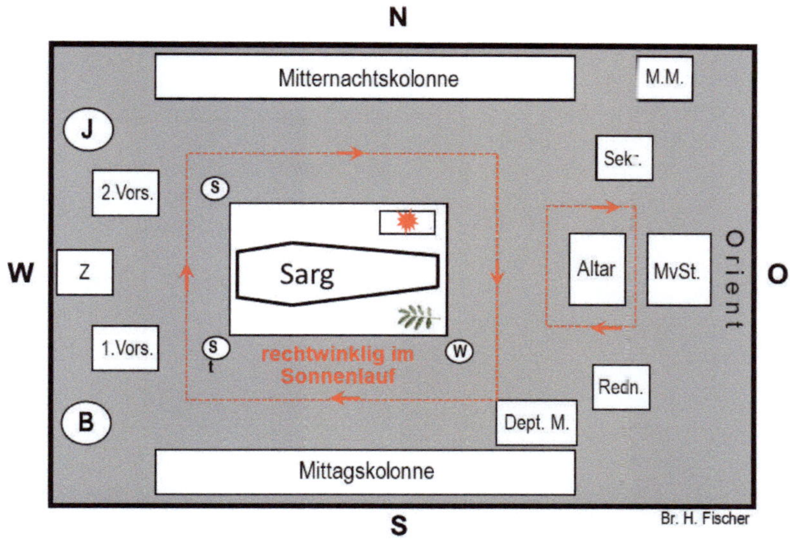

Typische Anordnung eines Freimaurer-Tempels im Meistergrad mit der Andeutung des Umschreitens des Tapis „rechtwinklig im Sonnenlauf"

3.2 Der Tapis (Arbeitsteppich) im Meistergrad

Gegenüber den ersten beiden Graden fällt auf, dass sowohl das Musivische Pflaster und die Stufen fehlen. Häufig befinden sich auf dem Tapis nebst dem Sarg ein Akazienzweig, der Winkel im Westen und der Zirkel im Osten des Sarges: „Der Meister geht vom Winkelmaß zum Zirkel, von der Materie zum Geist."

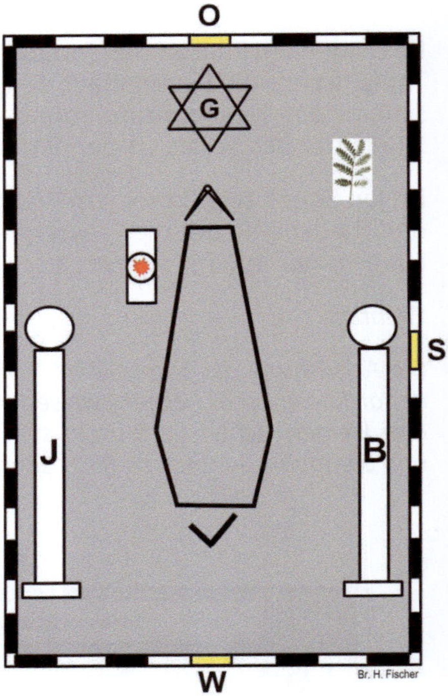

Tapis des 3. Grades im Rektifizierten Schottischen Ritus der Schweiz

Es obliegt den Meistern, die Pläne am Reißbrett zu entwerfen. Auf dem Tapis (= Arbeitstafel) sind daher die richtigen Werkzeuge und Symbole aufgezeigt. Es sind dies der Sarg, die Flamme auf dem kubischen Stein, das Winkelmaß und der Akazienzweig. Im Orient befindet sich vielfach das Hexagramm oder ein anderes Symbol.

In Deutschland zeigt der Arbeitsteppich im 3. Grad einen Sarg und 58 Flammen. Winkel, Zirkel, Akazie und die Mauern des Salomonischen Tempels finden sich ebenfalls.

Die Zahl 58 könnte gewählt worden sein, um auf die vier irdischen Elemente hinzuweisen,

Arbeitsteppich im 3. Grad nach AFuAM

denn die theosophische Reduktion von 58 ergibt 4 (5 + 8 = 13 = 1 + 3 = 4).

Das Ritual kann mit dem Arbeitsteppich durchgeführt werden, es kann aber auch ein echter Sarg eingesetzt werden.

4. Symbole im Meistergrad

4.1 Was bedeutet das Reißbrett?

Das Reißbrett ist nebst dem Zirkel das Hauptsymbol des Meisters. Es ist das einzige noch aus der früheren Bauhandwerksepoche übernommene Symbol.

Reißbrett - Darstellung von Alain Manesson Malle (1696)

So wie der Lehrling den rauen Stein bearbeitet und der Geselle den kubischen, so arbeitet der Meister am Reißbrett.

Hier fertigt er mit dem Zirkel seine Entwürfe an und zeichnet den Arbeitern am Werk den Bauriss vor, so, dass sie das Gebäude genau nach den Regeln des Ebenmaßes und der Schönheit ausführen können.

In vielen Bauhütten muss der neu erhobene Meister am Reißbrett seine erste Arbeit ausführen. Er wählt dazu nach freiem Ermessen einen Punkt auf dem Reißbrett, um den herum er einen Kreis zieht. Damit wird das Geheimnis des Meisters angedeutet. Dieses kann nur in der Mitte jenes Kreises gefunden werden, der die brüderliche Liebe und die Nächstenliebe umschließt.

Die Meister bereiten die Zukunft vor, die sie aufgrund der Erfahrungen aus der Vergangenheit verstehen. Um die Arbeit am Reißbrett – als Metapher – ordnungsgemäß ausführen zu können, müssen sich die Meister eingehend mit dem Tempel der Humanität befassen, um eine humane Gesellschaft entwickeln zu können. Das kommt jedoch einem großen Kunstwerk gleich.

In einem klassischen chinesischen Handbuch für Künstler ist zu lesen, dass ein großes Kunstwerk nur dann realisiert werden könne, wenn man zunächst das Herz beruhigt, innere Klarheit gewinnt und die Weisheit der Natur versteht.

In diesem Sinn ist auch das freimaurerische Verständnis des Meisters zu interpretieren.

4.2 Was bedeuten die sieben Stufen?

Die sieben Stufen weisen auf die sieben Abschnitte unseres Lebens hin:

Geburt, Kindheit, Jugend, Mannesalter, Alter der Erfahrung, Greisenalter, Tod (und Wiedergeburt).

Der neugewählte Meister muss die Lehren und Erfahrungen seines Lebens wie diejenigen anderer Menschen richtig erfassen und verstehen gelernt haben, bevor er an die letzten Probleme herantreten darf.

Die Zahl Drei steht für das Auffassungsvermögen, die Fünf für das menschliche Bewusstsein und die Sieben für die Spiritualität. Der Geselle ist nur bis zu der fünften Stufe gelangt. Das Greisenalter mit seinen Gebrechen, seinen Entsagungen und dem Tod als unabwendbarem Ende wird er erst als Meister ganz verstehen lernen.

Die sieben Stufen erinnern daran, dass der Tempel Salomo in sieben Jahren erbaut worden ist. Die sieben Stufen werden auch gedeutet als die sieben Haupttugenden (Weisheit, Mäßigkeit, Tapferkeit, Gerechtigkeit, Glaube, Hoffnung, Liebe), welche der Meister zu üben hat, und die gleiche Zahl von Lastern (Stolz, Neid, Völlerei, Geiz, Faulheit, Zorn, Wollust), die er meiden muss.

Die sieben freien Künste (und Wissenschaften): Grammatik, Rhetorik, Dialektik, Arithmetik, Geometrie, Musik, Astronomie machen den Bildungsgang eines wahren Meisters aus.

In der Form der mystischen Wendeltreppe, welche in einzelnen Riten und Obedienzen sogar wirklich beschritten werden muss, liegt die Idee des Aufwärtsstrebens, das nur unter zahlreichen Hindernissen und erneuten Anläufen vor sich gehen kann.

Wir lernen auch einzusehen, dass es für den Menschen keine absolute Wahrheit gibt, da er sie nicht zu sehen vermag.

Lao Tse hat es in seinem Tao Te King gesagt: „Die Wahrheit, die in Worte gefasst werden kann, ist nicht die ewige Wahrheit. Nur relative Dinge lassen sich mit Worten ausdrücken."

Diese Erkenntnis macht uns bescheiden und demütig. Andererseits führt uns diese Erkenntnis zu der hohen Warte der Toleranz. Jeder möge sich die wahre Gestalt der Wahrheit so ausdenken, wie es seine innere Überzeugung, seine Bildung des Geistes und des Herzens gestatten.

Die Werkzeuge des Meisters sind also Lineal, Winkelmaß und Zirkel. Diese Werkzeuge kennen wir bereits als Lehrling (24-zölliger Maßstab statt Lineal) und als Geselle, sie sagen dem Meister nichts wesentlich Neues.

4.3 Welche Bedeutung hat das Lineal?

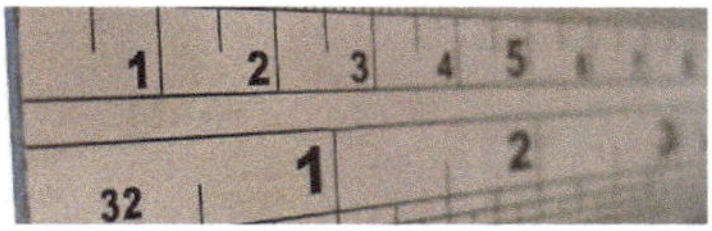

Das Lineal ist dem Bruder Freimaurer das Sinnbild der Wahrheit. Das Lineal zeigt auf, was gerade ist und was nicht. Es ist das hilfreiche Werkzeug, um die Ausrichtung unseres Lebens zu entwerfen.

4.4 Welche Bedeutung hat das Winkelmaß?

Das Winkelmaß bleibt das Symbol des Rechtes, der Gerechtigkeit, der Gradlinigkeit und der Festigkeit der Persönlichkeit. Das freimaurerische Winkelmaß besteht aus zwei ungleichen Schenkeln im Verhältnis von drei zu vier. Wie die Gerechtigkeit ist es unparteiisch und unveränderlich. Es weist hin auf den Raum, auf die rationale, materielle Welt und die Beschränktheit unseres Erkennens.

4.5 Welche Bedeutung hat der Zirkel?

Die Spitze des Zirkels ruht fest verankert im Herzen des Bruders als Sinnbild der Bruder- und Nächstenliebe sowie der Pflichten, die er übernommen hat. Der Zirkel als Messinstrument verweist auf den Geist und die Wahrheit bzw. Rechte und Pflichten. Er bemisst das Winkelmaß, denn mit dem Zirkel wird der rechte Winkel gezeichnet. Je mehr sich seine Schenkel öffnen, desto grösser wird der Raum, desto weiter der Geist.

5. Tempelarbeiten (Ablauf, „Software“)

5.1 Um was geht es beim Meisterritual?

Der Meistergrad ist die logische und organische Weiterentwicklung der beiden ersten Grade. Nach dem Gesellengrad hört die symbolische Schulung durch die Werkzeuge des Bauhandwerks auf.

Im Ritual des dritten Grades wird denn nur vorübergehend kurz auf das Reißbrett hingewiesen. Das ganze Gewicht der Instruktion wird auf geistige Bedeutungen gelegt.

Das Leitmotiv des dritten Grades heißt:

„Stirb und Werde!“

Dem Lehrling als Suchendem wird die Pforte zu seiner eigenen Seele erschlossen, dem Gesellen als Reisendem werden die Augen für die Umwelt und die Mitmenschen geöffnet.

Der Meister aber, ein Leidender, wird an die letzte Pforte geführt, dorthin, wo die Welt des Diesseitigen endet und die Welt des Jenseitigen beginnt.

Auf die Frage, ob es überhaupt einen Weg in die Welt des Jenseitigen gibt, darf wohl mit Ja beantwortet werden. Diesen Weg zu finden, ist eine persönliche Erfahrung des einzelnen Menschen und kann weder erlernt noch gelehrt, sondern nur erstrebt werden. Das große Geheimnis liegt in der Wahrheit und beim Höchsten, dem A.B.a.W.

Uns Irdischen ist diese Wahrheit nicht erschlossen, aber das Streben danach ist uns gegeben.

Das neue Motiv, dem wir im Meisterritual begegnen, ist die Frage nach dem Sinn des Todes und der postmortalen Existenz:

Gibt es ein Leben nach dem Tod?

Bei der Erhebung des Gesellen in den Meistergrad erleidet er symbolisch den Tod und die Auferstehung, die Wiedergeburt.

Rückwärts, mit dem nach der profanen Welt gerichteten Blick, wird der Geselle bei seiner Erhebung in den Tempel eingeführt.

Im Verlauf der Zeremonie wird ihm der Gesellenschurz entrissen und als Symbol der geistigen Auferstehung der Meisterschurz verliehen. Dies alles wird mittels der Hiramlegende vermittelt.

5.2 Ausstattung der Kammer des Stillen Nachdenkens (= Dunkle Kammer)

Die „Kammer des Stillen Nachdenkens" (Schweiz) oder „Dunkle Kammer" (Deutschland) dient der Vorbereitung des Gesellen auf das Meisterritual und soll zur inneren Besammlung beitragen.

In der Regel ist sie von einer Kerze erleuchtet und auf dem schwarz gedeckten Tisch liegen ein Schädel, Gebeine und eine Sanduhr.

5.3 Welche Bedeutung hat die Akazie?

Der grüne Akazienzweig verkörpert das Überleben der Energien, die durch den Tod nicht zerstört werden. Er symbolisiert das Leben, den zyklischen Wandel und die Unsterblichkeit.

Der Akazienzweig war in das frisch aufgewühlte Erdreich gepflanzt worden, um das Grab Hirams kenntlich zu machen.

Die Akazie ist ein Baum der Wüste, stachelig und die Sonne liebend, dessen Wurzeln tief in die Erde dringen. Auch heißt es, dass diese Pflanze in der Lage ist, sich selbst zum Wasser hinzubewegen.

Die Akazie stellt eine Analogie zu den Bäumen des Gartens Eden, zum Baum der Erkenntnis, Gutes von Bösem unterscheiden zu können, her. Damit versinnbildlicht sie die Meisterschaft.

5.4 Wo arbeitet der Meister?

Der Meister arbeitet am Reißbrett (siehe 4.1) und am Krönungsstein (Schlußstein).

Am Reißbrett muss er mit seinen Werkzeugen Pläne edler Werke entwerfen, den Bauplan wahren Menschentums.

Die soziale Arbeit, die Erfüllung der Pflichten als Bürger, als Familienglied und als Mensch erfordern vom Meister weise Pläne, die streng nach den Grundsätzen der Freimaurerei entworfen sind.

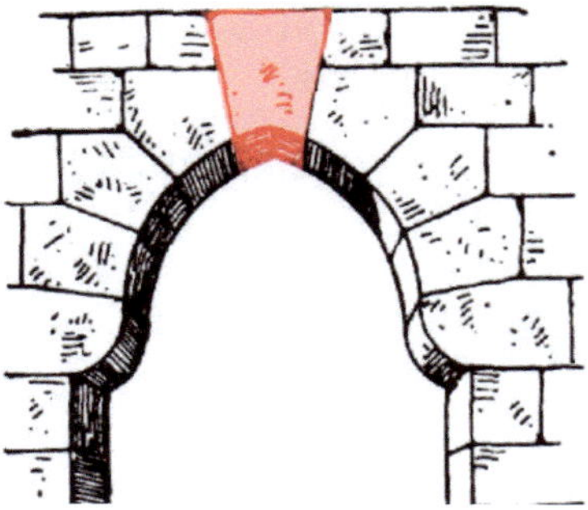

Der „Karniesbogen" zeigt die enorme Last, die ein Schlußstein tragen muß.

Alte Bekannte werden ihm zur Seite stehen: die drei kleinen Lichter, die Weisheit, die Stärke und die Schönheit gemeinsam mit dem Hexagramm. Der Zirkel ist das Hauptinstrument am Reißbrett mit seinen beiden Schenkeln, Recht und Pflicht.

Der Schlußstein ist der Stein des Meisters. Er gibt dem Bau den Abschluss, die Festigkeit und die Schönheit. Der Meister ist bestrebt, dass sein Stein den Ehrenplatz im symbolischen Tempel erhält. Symbolisch bedeutet der Schlußstein die Krönung des menschlichen Seins im Sinne der Königlichen Kunst. Er wird mit dem Zenit identifiziert, er ist der Schlußstein im Sternengewölbe, er ist der Berührungspunkt von Erde und Kosmos.

Der Meister erfüllt somit eine doppelte Aufgabe: Er soll den Schlußstein, der dem Bau Stärke und Schönheit verleiht, vollenden und setzen und damit seinen Weg von der Zweiheit (= Stärke und Schönheit) zur Dreiheit (= Stärke, Schönheit und Weisheit) auf das Reißbrett übertragen. Diese Arbeit erfordert weise durchdachte Pläne.

5.5 Wo erhalten die Meister ihren Lohn?

Die Meister erhalten ihren Lohn in der Mittleren Kammer, das heißt im Zentrum, wo die Einsicht sie erhellt.

5.6 Wie reisen die Meister?

Die Meister reisen auf der ganzen Erdoberfläche.

Die Meister reisen von Osten nach Westen und von Süden (Nadir) nach Norden (Zenit), auf der ganzen Erdoberfläche. So können sie das Licht verbreiten und sammeln, welches zerstreut ist.

Die Meister reisen auf der ganzen Erdoberfläche.

Die Meister reisen, um zu lehren, was sie wissen und das zu verbreiten, was den anderen unbekannt ist, um überall der Harmonie und Brüderlichkeit unter den Menschen zum Sieg zu verhelfen.

5.7 Welches ist das Kennzeichen des Meisters?

Der Meister befindet sich zwischen Winkelmaß und Zirkel. Der mit dem Winkelmaß vereinigte Zirkel bezieht sich auf die Verpflichtung. Das Winkelmaß kontrolliert die Arbeit des Maurers, der stets nach Gerechtigkeit handelt und sich größter Redlichkeit befleißigen soll.

Der Zirkel leitet diese Tätigkeit, die er erleuchtet, damit sie die gerechteste und fruchtbarste Anwendung finde. Das Winkelmaß ist, im Unterschied zum beweglichen Zirkel, ein starres, unbewegliches Werkzeug. Das eine zeichnet den rechten Winkel, das andere den Kreis. Beide Werkzeuge bilden zusammen das Gleichgewicht, das zur Erreichung der Vollkommenheit notwendig ist.

Der Meister soll die Moral seiner Handlungen (Zirkel) und die praktische Gerechtigkeit seiner Vernunft (Winkelmaß) in Einklang bringen. Daher befindet er sich zwischen Winkelmaß und Zirkel.

Die Königliche Kunst besteht darin, den Berührungspunkt von Körper (≙ Winkelmaß) und Geist (≙ Zirkel) zu finden, von Konkretem und Abstraktem, von Vergangenheit und Zukunft, vom Ganzen und seinen Teilen, von Einfachem und von Komplexem, von Positivem und Negativem, vom Selbst und dem Anderen. Sie trachtet nach Harmonie.

Bei der Öffnung der Loge fügt der MvSt. Winkelmaß und Zirkel - meistens hochhaltend - für die Kolonnen sichtbar zusammen, bevor er sie auf die Bibel legt.

Symbolisch wird dadurch die Trennung von oben (= Zirkel ≙ Himmel) und unten (= Winkelmaß ≙ Tempel), von göttlichem und irdischem Raum für eine beschränkte Zeit aufgehoben, die Unvollkommenheit ist überwunden, die Vollkommenheit geschaffen.

5.8 Was ist die Aufgabe der Meisterschaft?

Die Aufgabe der Meisterschaft ist es, den Meister, der im Zustand des leblosen Leichnams in uns ist, zu suchen, den Toten zum Leben zu erwecken, damit er in uns wirke.

5.9 Was bedeutet die Hiramlegende?

Der Name Hiram begegnet uns schon in einer der ältesten Quellen, der Bibel, wo er an zwei Stellen erwähnt wurde.

Im 1. Buch der Könige, Kapitel 7, und 13 ff. heißt es:

> *Und der König Salomo („er verfügte über die großartige Fähigkeit, in der menschlichen Seele zu lesen") sandte hin und ließ Hiram von Tyrus holen.*
>
> *Der war der Sohn der Witwe aus dem Stamme Naphtali, sein Vater aber war von Tyrus gewesen, ein Erzschmid.*

Gemäß historischen Quellen soll aber Hiram nie zu einer Leitung eines Tempelbaues berufen worden sein. Vom biblischen Standpunkt aus spricht nichts für die Legende des dritten Grades.

In Wirklichkeit beginnt die Legende Hirams, des Baumeisters von König Salomo, schon im Lehrlingsgrad. Nur tritt sie dort nicht so offensichtlich in Erscheinung.

Für jeden Grad gab es Erkennungszeichen, die dazu dienten, die Zugehörigkeit zu einer der drei Kategorien von Arbeitern auszudrücken.

Dies ist notwendig, weil die Löhne abgestuft sind. Die Lehrlinge erhalten ihren Lohn an der Säule J∴, die Gesellen an der Säule B∴ und die Meister in der Mittleren Kammer. Es ist klar, dass die unteren Grade auf die Meister mit dem höheren Lohn bald neidisch wurden.

Im Gesellenritual des Rektifizierten Schottischen Ritus waren die drei bösen Gesellen bereits durch die drei abzuwehrenden Untugenden vorgezeichnet worden. In der Gemeinschaft der Brüder können die drei bösen Gesellen jedoch abgewehrt werden: Die Triebe (Goldbarren bzw. Silber ≙ Reichtum, Lorbeerkranz bzw. Erz ≙ Ehrgeiz, Dolch bzw. Eisen ≙ Neid) kann der Geselle mit Hilfe seiner Mitbrüder in der Gemeinschaft noch unterdrücken.

Im Meisterritual versuchten die drei Gesellen sich nun das Meisterwort zu verschaffen, um mehr Lohn zu erhalten. Sie wandten sich an Meister Hiram. Doch dieser weigerte sich, ihnen das Meisterwort zu geben.

Im Meistergrad, wenn der Mensch allein steht, gelingt es nun denselben bösen Gesellen, Hiram nicht nur zu verletzen, sondern ihn sogar zu töten.

Mit dieser Legende erhält das Meisterritual einen ergreifenden Inhalt. In der Meistersymbolik tritt ein neues Symbol auf, der Akazienzweig.

In der Meisterloge, in der alles auf Tod und Vergänglichkeit gestimmt ist, ist der frische Akazienzweig das einzige Lebenssymbol.

Die Akazie, auch Cassia genannt, war schon den alten Ägyptern als heilige Pflanze bekannt und sie war dort bereits als Grabsymbol verwendet worden.

Uns Freimaurern ist sie jedenfalls ein Sinnbild dafür, dass aus Staub und Asche neues Leben hervorsprießt. Sie ist ein Symbol des Wechsels, ein Sinnbild des Werdens, der Geburt und der Zuversicht über den Tod hinaus (Wiedergeburt):

„Stirb und Werde.“ (siehe Kap. 5.1)

5.10 Was ist die sinnbildliche Bedeutung der Hiramlegende?

Es ist der Kampf des Lichtes gegen die Mächte der Finsternis und der initiatorische Tod, der dem Kandidaten die Welt des Geistes öffnen soll.

Im Ritual heißt es: „Den Tod überwindet, wer ihn versteht“. Der Geselle muss zunächst den Sinn des Lebens begreifen. Es genügt dabei nicht, dass dies allein im Erfassen der Materie und ihrer Gesetze zu suchen ist.

Die Legende vom Tod und der Auferstehung (Erhebung) Hirams beherrscht das Ritual des dritten Grades. Sie ist die Grundlage des dritten Grades und ist symbolischer „Schlußstein“ der Freimaurerei.

Der Geselle stellt im Ritual der Erhebung symbolisch Meister Hiram dar. Wegen der Unwissenheit, der Heuchelei und der Gier, verkörpert durch die drei bösen Gesellen, verliert Hiram

- mit dem Schlag des Maßstabs auf den Hals (= Gutturale) den Verstand und sein physisches Leben, zudem wird die Säule „J“, die Stärke, zerstört
- mit dem Schlag des Winkelmaßes auf das Herz (= Pectorale) sein Gefühlsleben, zudem wird auch die Säule „B“ wirkungslos
- mit dem tödlichen Schlag des Fäustels auf die Stirn sein Geistesleben, dadurch verwirkt das Pentagramm seine Bedeutung.

Die drei Werkzeuge zur Ermordung Hirams.
Hiram in phönizischer (oben) und hebräischer Quadratschrift (unten). (Abb. Br. H. Fischer)

Br. W. Scherpe fasst die Hiramlegende wie folgt prägnant zusammen:

Die Meistererhebung ist ein durch tiefstes Dunkel zum hellsten Licht führendes Ereignis. Dabei erfolgt eine fünfmalige Wandlung des Gesellen:

1. *Zunächst gerät der Geselle in den Verdacht, der Komplize verbrecherischer Gesellen zu sein. Ihm wird der Gesellenschurz abgerissen, womit er aus der Gemeinschaft der Bruderschaft ausgestoßen wird.*
2. *Er wird durch die drei Reisen auf den Tod vorbereitet und erlebt das erschütternde Ereignis, über das „Abbild seiner letzten Ruhestätte" mit drei Schritten gehen zu müssen.*
3. *Der Geselle erlebt die Identifikation mit dem „Meister Hiram", dem vorbildlichen Menschen.*
4. *Im Grabe erfolgt die Läuterung; er wird vorbereitet auf die große Wandlung. Abstreifen des alten Adam und Geburt des neuen Menschen.*
5. *Er wird erhoben zu einem neuen Leben im Geiste des Meisters, um zu begreifen, was es heißt: „Er lebt im Sohne".*

Hiram ist nicht gestorben, weil er sich irgendeinem Gesetz gebeugt hätte, sondern weil er seinem Gewissen gehorchte.

Eine solche Pflichterfüllung erlaubt dem Menschen, mit sich selbst im Reinen zu sein.

Die Maxime „Stirb und Werde" wird von Hiram gelebt, indem er den ersten Schritt zur Wandlung zeigt: das Körperliche vergeistigt und das Geistige verleiblicht.

In gleicher Weise sind wir für unsere innere Entwicklung sowie für das Finden und Leben unseres eigenen Weges verantwortlich.

5.11 Welche spezielle Lehre wird hier verkündet?

„Tue deine Pflicht, komme, was da wolle."

Die Hiramlegende als Allegorie (= Sinnbild) kann verschieden gedeutet werden, je nach Standpunkt, von dem aus man sie betrachtet.

Für die christliche Maurerei ist Hiram Christus, der durch Fanatismus, Unverstand und Rache ans Kreuz geschlagen wurde.

Politisch stellt Hiram die Freiheit des Volkes dar, die Mörder Hirams sind die Unwissenheit, die Leichtgläubigkeit und der sklavische Autoritätsglaube des Volkes.

Hiram stellt auch die Sonne dar. Die Legende selbst, welche sich in der Bibel nicht findet, ist sehr wahrscheinlich eine Nachdichtung zu der Erzählung Vergils in der Aeneis (im 3. und 6. Buch).

Der Grundgedanke ist schon in der ägyptischen Götterlehre enthalten, wo Osiris jedes Jahr aufs Neue stirbt und wieder aufersteht.

Für uns Freimaurer hat diese Legende vornehmlich zweierlei Bedeutungen. Einmal sind wir selbst Hiram oder vielmehr, es ist der gute Mensch, der sich allen Verführungen, allen Verlockungen zum Trotz unter Unterdrückung aller Schwächen, Neigungen und Leidenschaften zu einer großen Stufe der Vollkommenheit entwickelt hat.

Die Mörder sind die negativen Regungen in uns: Neid, Gier, Habsucht, Rache, Eitelkeit, Herrschsucht, Intoleranz.

Hiram ist das Sinnbild eines idealen, pflichtbewussten Menschen und Maurers, der lieber stirbt, als seine Pflicht verletzt.

Der Meister weiß, dass seine guten Taten ihn überleben werden, dass er sich nur so in der Erinnerung der Nachwelt erhalten kann und schließlich erinnert er sich an das Maurerwort: „Er lebt im Sohne."

Ja, es ist so, in unseren Kindern, unseren Schülern und unseren jungen Brüdern werden unsere guten Ideen und unsere reifen Erkenntnisse fortleben. Sie werden dereinst am großen Tempel der Menschheit bauen.

Auf uns ruht die Zukunft des Menschengeschlechts, ob es ein Aufstieg oder ein Niedergang bedeutet.

Der Menschheit Würde liegt in unseren Händen -
bewahren wir sie!

5.12 Was ist die Bedeutung des Hexagramms?

In der Freimaurerei ist das Hexagramm ein geistiges Licht, das dem Maurer auch in der tiefsten Finsternis seinen Weg erhellt. Meist ist es ein Hexagramm, das aus zwei ineinander verflochtenen Dreiecken dargestellt wird.

Das Hexagramm war bereits in vielen alten Kulturen bekannt. Für die Griechen stand das mit der Spitze nach unten weisende Dreieck für Wasser (das Weibliche) oder irdische Materie und das aufwärts gerichtete Dreieck für Feuer (das Männliche), für Geist und alles Immaterielle.

Es symbolisiert das Gleichgewicht zwischen Geist und Materie, und beide zusammen bilden den Schöpfungsakt des Menschen.

Die Verbindung dieser Gegensätze als Hexagramm war das Zeichen des Götterboten Hermes, der als Seelenführer zwischen dem Lichtreich der Götter und dem Dunkelreich der Unterwelt vermittelte.

In anderen Kulturen drückt das Hexagramm die Überwindung der Dualität und damit die Harmonie im Weltall und im menschlichen Handeln aus.

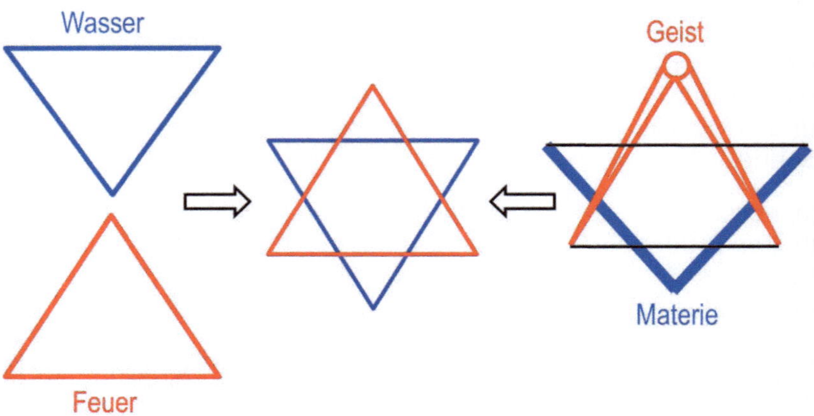

Das Hexagramm kann entweder aus den alchemistischen Symbolen der beiden Elemente Feuer und Wasser oder mit dem Zirkel und dem Winkelmass erstellt werden.
(Abb. Br. H. Fischer)

Eine weitere Bedeutung ist der hermetische Grundsatz:

"Wie oben, so auch unten."

D.h. die Gesetze des Makrokosmos (= Kosmos) sind dieselben wie für den Mikrokosmos (= Mensch).

Exkurs: Hexagramm und Alchemie

Im Altertum wurde die Geometrie als eine Göttliche Wissenschaft angesehen. Geometrie lässt sich durch Zirkel und Winkelmaß darstellen. So sind bereits auf dem Tapis im Lehrlingsgrad in der Mitte als zentrales Symbol der Zirkel und der Winkel eingezeichnet. Sie liegen als Hexagramm aufeinander.

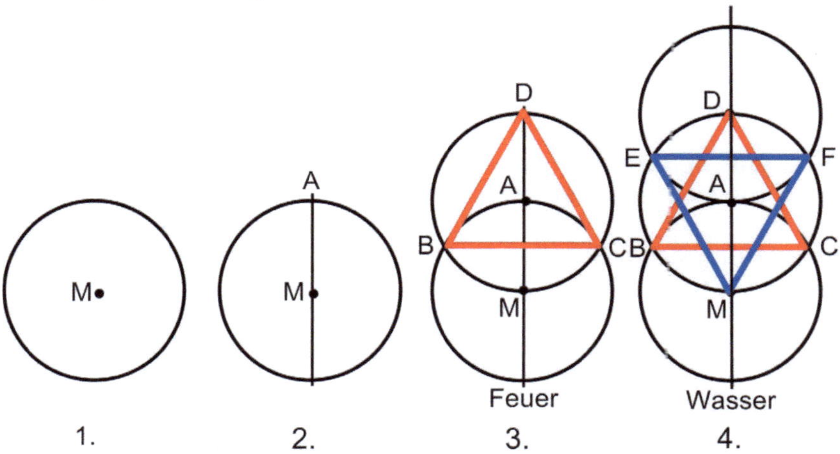

Konstruktion des Hexagramms mit Zirkel und Lineal (Abb. Br. H. Fischer)

Aus der Alchemie wissen wir, dass die Symbole der beiden Elemente Feuer und Wasser übereinander geschoben ebenfalls zum Hexagramm führen.

Damit ist es selbst alchemistisch Symbol für den Stein der Weisen und das Lebenselixier („Feuerwasser") (J. Snoek, 2011).

Exkurs: Hexagramm und Steinmetzkunst

Solange in der Steinmetzkunst einfache Aufgaben überwogen, genügte das reine Handwerk.

Die Lösung von schwierigen Problemen in der Baukunst beruhte auf den Gesetzen der Geometrie. Pythagoras galt seit jeher als der tiefgründige Meister der Geometrie. Auch Platon war überzeugt, dass einzig die Eingeweihten fähig seien, seine Lehren zu erfassen. Daher lautete die Inschrift über dem Eingang zu seiner Akademie: „Keiner trete hier ein, der die Geometrie nicht beherrscht."

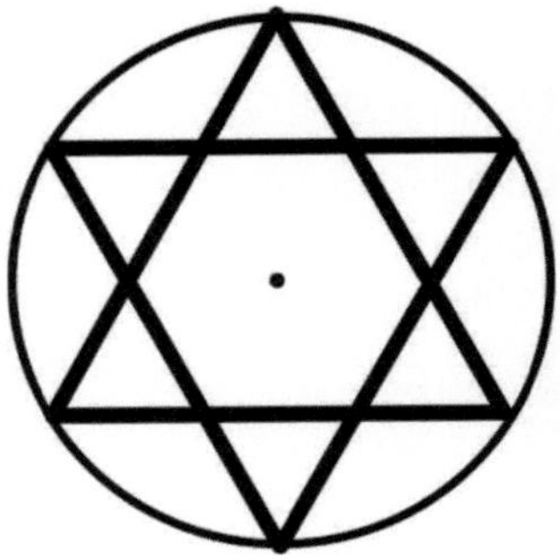

Getreu der Devise von Platon soll zumindest die Konstruktion des Hexagramms erwähnt werden. Die Schritte 1 bis 4 sind selbsterklärend.

Es besteht auch die einfache Möglichkeit, ausgehend von einem Punkt auf dem Kreis, mit dem Zirkel den Radius fünfmal nacheinander abzutragen und die sechs Punkte mit dem Lineal zu verbinden.

5.13 Was bedeuten die drei Schritte über den Sarg bzw. die sieben Meisterschritte?

Wiederum wie im Gesellengrad existieren viele Arten von Meisterschritten. Die Bedeutung jedoch ist einheitlich.

Die drei Meisterschritte über den Sarg deuten auf Geburt, Leben und Tod (und Wiedergeburt).

Die drei Schritte über den Sarg sind ein ergreifendes Erlebnis und vergegenwärtigen uns noch einmal recht eindrücklich das Ziel unseres Lebens von der Wiege bis zur Bahre und über das Grab hinaus.

Die drei Schritte über den Sarg ins klare Licht des Ostens sollen uns Anregung zum Nachdenken geben.

Der erste Schritt, der den Lebensbeginn, die Jugend symbolisiert, geht hart an der ewigen Nacht vorbei. Mit dem Fuß streift der Geselle den Sarg. Das Streifen ist eine erste Mahnung, dass das Leben nicht nur aus irdischen Freuden und Genüssen besteht. Der Mensch soll ermuntert werden, um über seinen künftigen Weg nachzudenken. Er muss aus seiner Jugend heraus der Reife zustreben, muss Hindernisse überwinden und seine Erfahrungen klug auswerten.

Nun steht er im Süden, in der Fülle des Schaffens, in der Mitte seines Daseins. Hell ist das Licht, voll die Kraft.

Alle Eindrücke passieren Geist, Herz und Seele des Menschen.

Um zu einem gesteckten Ziel zu gelangen, gibt es viele Wege, aber alle führen über die Arbeit an sich selbst. Das wäre die Arbeit in der Mitte, im Süden.

Der zweite Schritt führt bereits nach Norden, wo es kein Licht, keine Wärme und keine Schönheit mehr gibt. Der Geselle muss auf die Schattenseite des Lebens zurücktreten, damit er den Unterschied zwischen Süden und Norden kennenlernt.

Im Norden, auf dem Abstieg des irdischen Lebens, sind es andere Werte, die an Bedeutung gewinnen. Nicht die äußeren Reize sind mehr ausschlaggebend, es zählt nur noch der innere Reichtum. Der Weg zum Licht führt aber nur über den dritten Schritt, durch den Tod hindurch. Das letzte, was der Mensch besitzt, muss er opfern, um in diesen großen Besitz zu kommen.

Dieser dritte und letzte Schritt ist sowohl der schwerste als auch der schönste. Diesmal wird der Sarg nicht gestreift, sondern überschritten, und so gelangt der Geselle nach Osten, wo er von Angesicht zu Angesicht seinem Meister gegenübersteht.

Mit diesem letzten Schritt lässt der Mensch alles Irdische hinter sich. In sein künftiges Leben kann er nur die geistigen Werte und sein seelisches Gut mitnehmen.

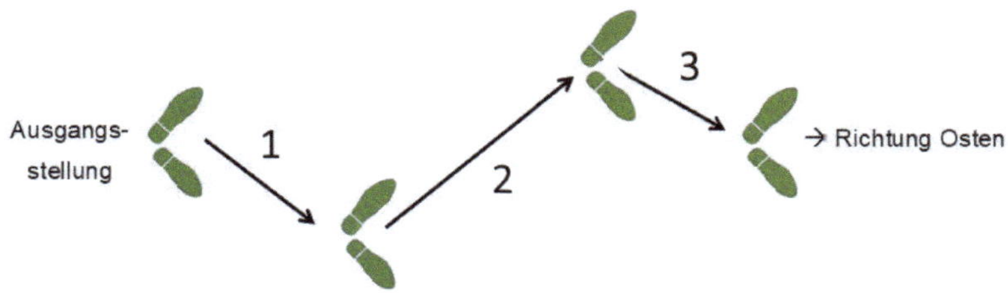

Die drei symbolischen Schritte beim Eintritt in den Tempel entsprechen den drei Schritten 'über den Sarg'.
(Abb. Br. H. Fischer)

Nachfolgend wird eine häufig verwendete Variante im Erhebungsritual von sieben (4+3 bzw. 2+2+3) Meisterschritten dargestellt:

Zuerst zwei Lehrlingsschritte (τ, Fußstellung), links beginnend Richtung Osten, dann an Ort 180° nach links drehen, anschließend zwei Gesellenschritte (τ, Fußstellung), dann an Ort wieder 180° zurückdrehen.

Dann steht der Bruder vor dem Sarg. Nun folgen die drei Schritte (90°, Fußstellung) über den Sarg, bis der Bruder Meister im Osten hinter dem Sarg und vor dem MvSt. steht.

In den alten Mysterien war der Schritt Bestandteil einer okkulten Handlung mit tiefem Symbolgehalt. Er war Teil des Reinigungsprozesses.

Auch ein Meister unterzieht sich heute einer dreifachen Reinigung: Mitteilung des Passwortes, Überwindung der Polarität (J.·. und B.·.) sowie durch das Betreten des Tempels im jeweiligen Schritt.

Die ersten beiden Lehrlingsschritte weisen auf die Geburt hin, die beiden Gesellenschritte auf den Lebensweg und der dritte Teil der Schritte über den Sarg deutet an, ob der Weg des Meisters ein Weg zum Leben oder zum Tod war.

Die ersten vier Schritte führen den Meister hin zum Grabe Hiram.

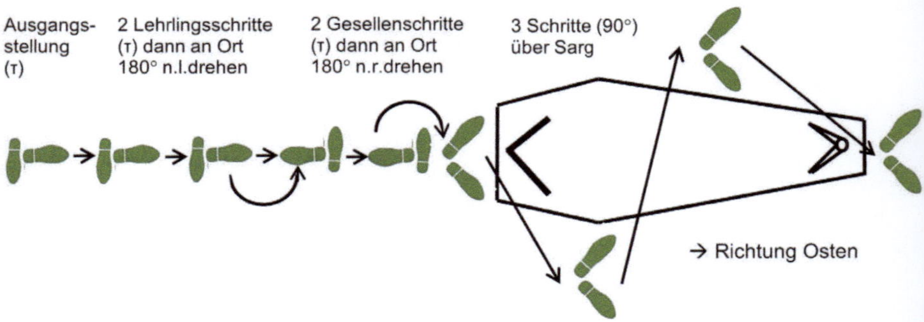

Sieben Meisterschritte (4+3) als Kombination von Lehrlings- und zwei Gesellenschritten sowie drei Schritten über den Sarg.
(Abb. Br. H. Fischer)

Die nächsten drei Schritte übers Grab: Nach Süden, gegen Norden und der letzte, siebente Schritt führt den Meister nach Osten ans Grabesende.

Auf dem Sarg im Westen liegt vielfach das Winkelmaß und im Osten auf dem Sarg der Zirkel: Der Meister geht vom Winkel, dem Materiellen, zum Zirkel, dem Geistigen, so wird er zum Meister.

5.14 Welche Sinnbilder hat der Meister?

Die Sinnbilder des Meisters sind das Grab, der Totenkopf oder Schädel, das Stundenglas, der Akazienzweig und die mystische Schlange.

In einigen Logen erhellt nur ein einziges Licht den Tempel. Obwohl die ganze Einrichtung der Meisterloge schwarz ausgekleidet ist und mit dem Sarg eine Stimmung der Trauer und der Gedrücktheit verspüren lässt, findet sich auch gleichzeitig der Akazienzweig als Symbol des Lebens, des zyklischen Wandels und der Unsterblichkeit.

a) Das Grab

In der Hiramlegende (siehe 5.9) haben wir die Bedeutung des Grabes als Symbol kennengelernt. Grab und Sarg symbolisieren auch hier wieder den Mutterleib oder die Mutter Erde, wo aus Staub und Asche neues Leben sprießt.

Das Grab hat die Maße: drei Fuß breit, fünf Fuß tief und sieben Fuß lang. Die Zahlen deuten auf die heiligen Zahlen hin für den Lehrling, den Gesellen und den Meister.

Das Grab schließt das große Geheimnis der Einweihung in sich, das sich nur dem Denker erschließt, der fähig ist, die Spannung zwischen den Dreien zu versöhnen, die geistige Quintessenz der sinnlich wahrnehmbaren Außenwelt zu erkennen und das Gesetz der Siebenzahl zu verwirklichen.

b) Der Totenkopf oder Schädel

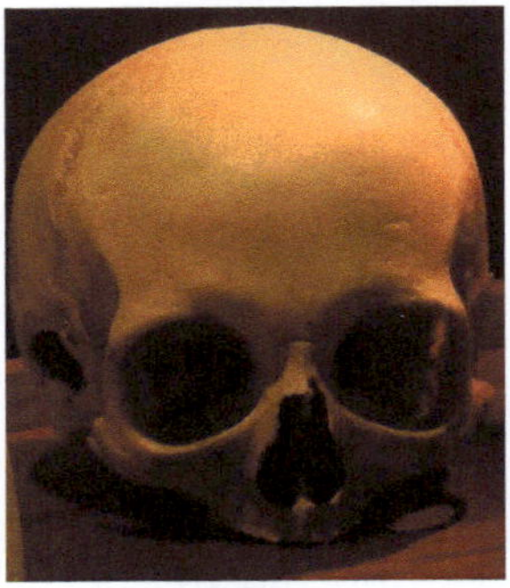

Die gleiche Rolle wie das Grab oder der Sarg kommt auch dem Schädel oder Totenkopf zu. Derselbe wird im 3. Grad fast überall als Symbol verwendet.

Die erste Interpretation, die ihm gegeben wird, ist die allgemein bekannte, sie wird gedeutet als Symbol des Todes, der Vergänglichkeit des Lebens.

Für sich allein kann der Schädel auch noch anders gedeutet werden. Er ist das „Behältnis" des Gehirns, des Sitzes unseres Verstandes, unserer Intelligenz.

Im Schädel spielen sich alle Seelenvorgänge ab, das Denken, das Wollen, das Fühlen, die Fantasie. Da wohnen gute und schlechte Eigenschaften zusammen, da werden Pläne guter oder böser Werke entworfen.

Der Schädel ist der Sitz der Persönlichkeit, welche den Freimaurer ausmacht.

Der Totenkopf ist aber auch ein Sinnbild der Gleichheit der Menschen. Wenn das Wasser und das Fleisch verschwunden sind, dann sind alle Menschen gleich. Wenn die Äußerlichkeiten des Menschen, Geburt, Stand, Beruf und Besitz verschwunden sind, dann sind alle Menschen Brüder.

c) Das Stundenglas oder die Sanduhr

Das Stundenglas oder die Sanduhr, als altes Sinnbild der Vergänglichkeit und des Zerrinnens der Zeit, mahnt uns, die uns noch zur Verfügung stehende Zeit bis zum Tod richtig zu nutzen.

Und wir sollen mit unseren guten Werken nicht länger warten, da man niemals weiß, ob dieser Tag nicht unser letzter ist.

Da die Sanduhr umgedreht werden kann, ist sie auch ein Bild für Ende und Neubeginn. Unter den vier Kardinaltugenden (siehe 5.29) versinnbildlicht die Sanduhr die Mäßigkeit.

d) Die mystische Schlange

Das Sinnbild der Ewigkeit und des ewigen Wechsels von Werden und Vergehen, ist die mystische Schlange, welche sich in den Schwanz beißt. Ein Sinnbild des universellen Lebens und der Unsterblichkeit, ein Bild des fortwährenden Zyklus von der Geburt bis zum Tod.

Schon in der Antike war Uroboros ein Symbol der Ewigkeit. Die mystische Schlange ist ein erst spät aus dem Brauchtum der Alchemisten übernommenes Symbol.

Sie stellt die absolute Einheit dar, das Eine und das All (en to pan), das All-Eine, das Vergangenheit, Gegenwart und Zukunft, Materie und Geist, Schöpfer und Schöpfung umschließt. Der Kreis wird beschrieben durch den Zirkel. Endlos wie die Kreislinie, sei auch unsere Liebe.

Trauerloge

An dem öden Strand des Leben
Wo sich Dün' auf Düne häuft
Wo der Sturm im Finstern träuft,
Setze dir ein Ziel des Strebens.

Unter schon verloschnen Siegeln
Tausend Väter hingestreckt,
Ach! von neuen, frischen Hügeln
Freund an Freunden überdeckt.

Hast du so dich abgefunden,
Werde Nacht und Äther klar,
Und der ew'gen Sterne Schar
Deute dir belebte Stunden,

Wo du hier mit Ungetrübten,
Treulich wirkend, gern verweilst
Und auch treulich den geliebten
Ewigen entgegen eilst.

Br. Johann Wolfgang von Goethe

Erkennungszeichen des Meisters

Zeichen, Wort und Griff des Meistergrades verweisen auf die Aufforderung „Sehen, Hören und Fühlen (bzw. Schweigen)".

5.15 Was bedeutet das Zeichen?

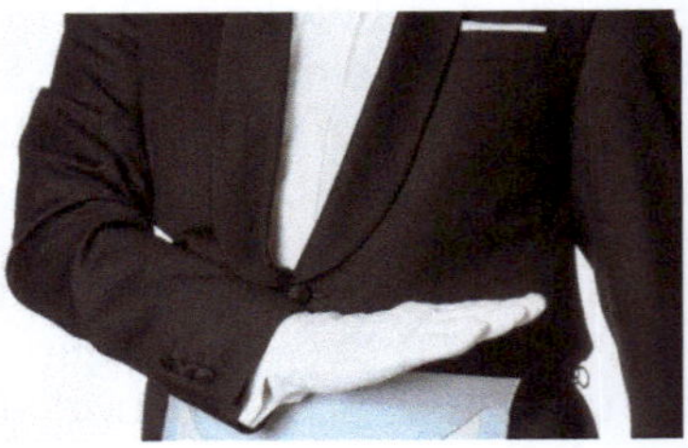

Das Meisterzeichen bezieht sich auf die in der alten Eidesformel geforderte Selbstdisziplinierung.

Mit dem (Bauch)Zeichen (= Stomachale) weist sich ein Freimaurer - nebst Wort und Griff - als Meister aus. In vielen Logen werden zudem auch das Notzeichen, das Zeichen des Schreckens, das Strafzeichen u.a. vermittelt.

Zeichen, Wort und Griff werden ausschließlich in mündlichen Unterweisungen erklärt und geübt.

Das Ordnungszeichen generell

Das Ordnungszeichen wird nur nach Aufforderung („In Ordnung") durch den Meister vom Stuhl in geöffneter (d.h. auch in gedeckter) Loge gegeben. Dieses Zeichen wird nur im Stehen, nicht im Gehen oder einer anderen Bewegung gegeben. Hinzu kommt die entsprechende Fußstellung: zum Beispiel als Tau im Lehrlings- und Gesellengrad oder im 90°-Winkel im Meistergrad. Diese Fußstellungen sind im Ritual nach AFuAM nicht vorgeschrieben, aber auch nicht untersagt.

Die in verschiedenen Graden gelehrten Ordnungszeichen symbolisieren, dass der Bruder seinen Körper in eine „Ordnungsstellung" und zusätzlich auch Geist, Herz und Seele „In Ordnung" (= Harmonie) gebracht hat.

Sich im Ordnungszeichen zu bewegen (Laufen, Gestikulieren, Sprechen usw.) widerspricht daher dem eigentlichen Sinn dieser rituellen Handlung. Leider wird das in vielen Logen falsch gemacht.

Die Durchführung des Zeichens außerhalb des Tempels oder außerhalb einer ordnungsgemäß geöffneten oder noch nicht gedeckten Loge ist unstatthaft. Bei einer Rede in geöffneter Loge tritt der Bruder Redner zu Beginn oder zum Schluss seiner Zeichnung oder Begrüßung ins Zeichen, die Rede selbst wird nicht in der Ordnungsstellung gehalten.

Beim Ausführen des Ordnungszeichens durch die hammerführenden Meister wird die rechte Hand mit dem Hammer in allen drei Graden immer auf die Herzgegend gelegt.

5.16 Was bedeutet das Wort?

Dem „Wort" kommt eine besondere symbolisch-mystische Bedeutung zu. Es ist dem Licht gleichzusetzen, und damit enthält es die absolute Wahrheit, die kein Bruder haben kann.

Das Wort im Meistergrad ist „M. B." und bedeutet: „Er lebt im Sohne!" (siehe 5.22)

Auch hier verweise ich auf die mündliche Instruktion.

5.17 Was bedeutet der Griff?

Der vollkommene Meistergriff hat fünf Punkte: Hand in Hand, die Finger zur Kralle gebogen, Fuß an Fuß, Knie an Knie, Brust an Brust und den Arm um die Schulter des Bruders gelegt.

Das bedeutet: Freundschaft und Einigkeit, die Bereitwilligkeit, dem Bruder zu Hilfe zu eilen, den guten Willen, um Gnade für ihn zu erbitten, Aufrichtigkeit und Mitgefühl; die Sorge, dem Falle meines Bruders zuvorzukommen.

Das Berühren der fünf Punkte im Meistergriff erinnert an die Quintessenz und befolgt das Gesetz der Entsprechung. Damit wird das Aufsteigen (= Erhebung) aus dem symbolischen Todesschlaf zu einem der Gegenwart und der Endlichkeit bewussten Lebens ausgedrückt.

Diesen Griff lernt der Meister in der mündlichen Instruktion.

5.18 Sind Sie Freimaurermeister?

Auf die Frage „Sind Sie Freimaurermeister?" antwortet man nicht, wie vermutet, mit „Ja", sondern mit einer nicht allgemein gebräuchlichen Redewendung.

Auch hier verweise ich auf die mündliche Instruktion.

5.19 Warum wird der Kandidat rückwärts in die Loge geführt?

Rückblickend soll der Kandidat sein Leben durchschauen und die Vergangenheit prüfen. Der Geselle soll nochmals nachdenken, wo er gefehlt oder was er unterlassen hat. Diese Erkenntnis soll ihn anspornen, soviel wie möglich nachzuholen oder gut zu machen. Es soll ihn aber mit Blick auf die Eingangspforte auch daran erinnern, von wo er gekommen ist und wohin er dereinst zurückkehren wird:

„Denn Du bist Erde und sollst zu Erde werden".

5.20 Die Mittlere Kammer

Während die Lehrlinge sich bei der Säule J∴ und die Gesellen bei der Säule B∴ einfinden, begegnen sich die Meister in der „Mittleren Kammer". Diese Kammer ist ein „heiliger" Ort.

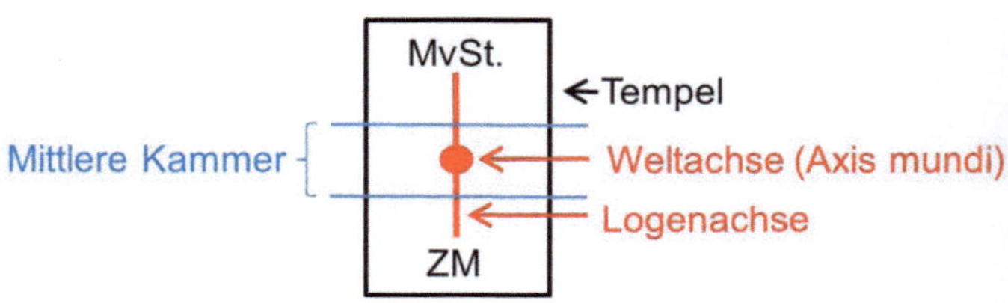

Im Zentrum der „Mittleren Kammer" befindet sich die „Weltachse" (Axis mundi). Für den Eingeweihten entspricht die Mittlere Kammer (siehe Kapitel 5.25) seinem eigenen Herzen als Mittelpunkt des Körpers und dem Sitz der Seele.

5.21 Das verlorene Wort

Auf der Suche nach dem Geheimnis, symbolisiert durch das „verlorene Wort", wandert der Meister von Westen nach Osten.

Ob jeder es findet?

Es liegt so nahe, dass es eigentlich jeder finden müsste. Es liegt im Herzen jedes Maurers, nur verdeckt von Eigennutz, Neid, Stolz, Ehrsucht und Herrschsucht. Darum entfernen wir diese Untugenden und suchen unentwegt weiter, bis wir das erlösende Wort eines Tages wiederfinden.

Mit dem Tode Hirams ging das alte Meisterwort verloren. Die Suche nach dem verlorenen Wort steht für das Wesen des Initiationsweges. Nach der Legende durfte das alte Meisterwort nur in Gegenwart von drei Meistern gegeben werden. Ursprünglich waren dies König Salomo, Hiram, der König von Tyrus und Hiram Abif, der Baumeister.

Der Meistermaurer der heutigen Zeit kennt das alte Meisterwort nicht mehr. Dieses Wort hatte aber nicht nur die Bedeutung eines Erkennungswortes, sondern es spielte die Rolle des echten Ringes in der Parabel in Lessings „Nathan der Weise".

Das verlorene Wort ist viel mehr als ein Erkennungszeichen. Dieses „Wort des Lebens" ist die Entsprechung zum Tetragramm (= Vierfachzeichen, JHWH, יהוה) im Alten Testament und zum Logos im Prolog des Johannes-Evangelium.

Es ist in unserem tiefsten Innern verborgen und hatte die geheimnisvolle Kraft, alle Eingeweihten zu wahren und zu glücklichen Freunden und Brüdern zu machen. Es bewahrte die alte Bruderschaft vor Streit und Hader und ermöglichte es, dass alle Meinungen und Weltanschauungen friedlich nebeneinander leben konnten.

Dieses Wort ist der Freimaurerei und der Menschheit verlorengegangen. Die Bauleute erkennen sich nicht mehr. Feindschaft, Dogmatismus und Intoleranz herrschen überall. Der Flammende Stern der Vernunft, der Hoffnung und der Unsterblichkeit scheint untergegangen, Unwissen und Irrtum umgeben die Menschheit. Voll Sorge und Verzweiflung suchen wir Freimaurer nach dem erlösenden Wort, das uns Frieden, Solidarität, Toleranz und das Licht wieder bringen soll.

5.22 Was bedeutet das Meisterwort M. B.?

Nach der Hiramlegende ging das alte Meisterwort beim Tod von Hiram verloren, daher musste man ein neues Wort wählen. Als solches sollte das erste Wort gelten, das am Grabe des ermordeten Meisters gesprochen wurde. Dieses neue Meisterwort ist

„M. B. - Er lebt im Sohne."

Das alte Wort durfte nur geschrieben, aber nicht ausgesprochen werden. Was also verlorengegangen war, schon vor Hirams Tod, das war die Aussprache des alten Wortes, des Namens Gottes, den die Juden Jehova oder Jahwe nannten.

Der sprachliche Inhalt des Wortes „M. B." ist unbestimmt und wird verschieden gedeutet.

Einige Deutungen sind:

„Das Fleisch verlässt den Knochen."
„Faul bis ins Mark."
„Der Sohn des toten Meisters."
„Durch Tod zum Leben."
„Er lebt im Sohne."

Vom alchemistischen Standpunkt her entspricht der dritte Grad jener Phase im „Großen Werk", die Fäulnis (Putrefactio) genannt wird. In der Alchemie bedeutet das „Große Werk" die Verwirklichung des Steins der Weisen.

Bereits im ersten Grad gibt es mit dem Wort V.I.T.R.I.O.L. einen diskreten Bezug zur alchemistischen Symbolik. Die symbolische Umwandlung des Metalls vom minderwertigen Blei zum reinen Gold entspricht der stufenweisen Entwicklung aus der Finsternis zum maurerischen Licht.

Die wahrscheinlichste Herleitung ist wohl die hebräische von „Makhah bonäh" (ein Baumeister ist erschlagen).

Die sinnvollste Deutung scheint wohl

„Er lebt im Sohne."

Für einen Maurer mag es ein großer Verlust sein, wenn es ihm nicht vergönnt ist, einen Teil seines Ichs in seinen Nachkommen weiterlebend zu wissen. In unseren Kindern sind wir wirklich und unbestreitbar unsterblich. Das mag wohl die tiefe Bedeutung des Meisterwortes sein.

5.23 Was bedeuten die fünf Punkte des vollkommenen Meistergriffs?

Mit dieser Handlung werden die durch den Tod getrennten Teile des Körpers neu zusammengefügt und der Mensch dem Zustand der Auflösung entrissen.

Hand in Hand:

Sich die Hand geben ist seit jeher ein Zeichen des Vertrauens. Es bedeutet auch, den Bruder zu führen und zu geleiten und vor unbedachten Handlungen zu bewahren.

Fuß gegen Fuß:

Die Füße stellen symbolisch Standhaftigkeit und Beständigkeit dar und bedeuten, wo Du hingehst, da will auch ich hingehen.

Knie gegen Knie:

Das Knie repräsentiert die Beweglichkeit und bedeutet, dem Bruder Hilfe zu bieten und vor drohenden Gefahren zu warnen.

Brust gegen Brust:

Hinter der Brust schlägt das Herz, Mittelpunkt menschlicher Gefühle. In Freud und Leid soll mein Herz mit Deinem schlagen.

Den linken Arm um die Schultern des Bruders gelegt:

Dies symbolisiert, dass wir Brüdern in Kummer und Not stets verständnisvoll beistehen wollen und sie aufrichten, wenn sie zu fallen drohen. Zudem werden wir Gefahren hinter dem Rücken des Bruders abweisen.

5.24 Wodurch soll sich ein Meister vor den Gesellen und Lehrlingen auszeichnen?

Durch die Würde und Vollkommenheit seines Handelns.

Die drei Tugenden Reinheit des Herzens, Wahrheit des Wortes und Vorsicht im Handeln erinnern an die traditionelle dreiteilige Struktur des Menschen: Seele, Geist und Körper.

Das Herz gilt als Zentrum des Menschen, des spirituellen Lebens. Die Reinheit erhält so den Sinn einer Öffnung zum Selbst oder zu Gott, einem Zugang zur umfassenden Menschenliebe oder zum Licht.

An den Meister werden die höchsten Anforderungen gestellt, an ihn werden die strengsten Maßstäbe angelegt, eben weil er Meister heißt. Winkelmaß und Zirkel, 24-zölliger Maßstab und Lineal, Wasserwaage und Senkblei, Hammer und Meißel soll er vollkommen beherrschen, um seine jungen Brüder mit denselben zu instruieren.

Wir wissen sehr genau, dass es nichts Vollkommenes gibt und dass kein Mensch ohne Fehler ist. Folglich können wir nicht verlangen, dass der Meister die Verkörperung des Ideals selbst darstellt.

Er soll dies aber anstreben und den guten, ehrlichen und festen Willen haben, die gemachten Anstrengungen nach diesem Ziel zu werten und zu würdigen.

5.25 Wo werden die Meister erhoben?

In der Mittleren Kammer.

Gemäß der maurerischen Legende umschloss die Mittlere Kammer das Grab Hirams im Tempel Salomo.

Der Geselle gelangt dorthin durch das Ersteigen der sieben Stufen der mystischen Treppe. In dieser Kammer wird der Einzuweihende zur Meisterschaft erhoben.

Dadurch soll ihm ein neuer Grad der Erkenntnis und des Bewusstseins verschafft werden. Im Zentrum der Mittleren Kammer befindet sich die „Axis mundi“, die „Weltachse“, die den Tempel mit dem Kosmos verbindet und die senkrecht auf der Logenachse steht. Das ist der Ort, wo es dem Menschen gelingen kann, sich selbst zu finden, indem er das Gleichgewicht und die Balance zwischen Materie und Geist findet.

Nach der Trauerzeit soll die Loge in ihrem Innern die Harmonie der Siebenzahl (≙Spiritualität) wieder herstellen (siehe Kap. 8). So soll sich auch der Meister selbst zu solcher Harmonie führen.

5.26 Warum soll sich ein Maurer zum Meister erheben lassen?

Weil er das höchste Licht in der Freimaurerei begehrt.

Schon der Lehrling hat das „Licht erhalten" und der Geselle verlangte nach mehr Licht. Der Meister aber verlangt nach dem höchsten Licht. Er ist sich bewusst, dass er das Licht noch nicht ergründet hat und möchte der Weisheit letzten Schluss erfahren.

Durch die Erhebung in den Meistergrad wird dem Maurer dieses höchste Licht gegeben.

Das höchste Licht bezieht sich auf die menschliche Vollkommenheit, nicht auf die absolute, die allein dem Allmächtigen Baumeister aller Welten zukommt.

Diese Vervollkommnung des Menschen zu erreichen, bedingt eine Wandlung der Werte, eine Trennung von der Vergangenheit, ähnlich dem Samenkorn in der Erde, das sterben muss, damit es als Pflanze keimen, wachsen und seine Ganzheit erreichen kann. Das ist der eigentliche Sinn des symbolischen Todes und der initiatorischen Wiedergeburt.

Dem Gesellen werden anhand der Geschichte Hirams die Zusammenhänge von Leben, Tod und Unsterblichkeit gegeben. Symbole sind es wieder, die zu ihm sprechen, und jeder kann ihre Sprache auf seine Weise deuten.

Mehr Licht, mehr Erkenntnis sucht der Maurer für sich selbst, er verlangt es aber auch für andere. Mehr Licht wünscht er für die Menschheit, Befreiung von Irrtum, von Vorurteilen, von Aberglauben und von Intoleranz.

Im Bewusstsein, die letzten Fragen der Freimaurerei noch nicht zu kennen, begehrt er die Geheimnisse der Mittleren Kammer zu erfahren und damit tiefere Einsichten zu erlangen. Darauf wird ihm der Meistergrad die Antwort geben.

5.27 Welches Alter hat der Meister?

„(Ich habe) sieben Jahre!" („und mehr!") ist die Antwort.

Der Lehrling beginnt seine Meditationen (= sein Nachdenken) mit der Einheit und der Zweizahl, um sich dann bei der Dreizahl aufzuhalten, bevor er sich der Vierzahl zuwendet, die dem Gesellen zugeteilt ist. Dieser geht von der Vier aus, um sich längere Zeit mit der Fünfzahl zu beschäftigen, bevor er sich der Sechs zuwendet, um sich auf die Siebenzahl vorzubereiten.

Es ist die Aufgabe des Meisters, das Geheimnis der Siebenzahl zu erforschen und dann die pythagoreische Methode auf die höheren Zahlen anzuwenden.

Davon kommt die Zahl Sieben, die das maurerische Alter des Meisters, sieben Jahre und mehr beträgt. Die Zahl Sieben bedeutet in der Lehrart Erkenntnis. Das „und mehr" zeigt an, dass diese Erkenntnis nicht das Ende der Suche darstellt. Wenn wir auch im Allerheiligsten an der vorläufigen Endstufe angelangt sind, so wissen wir doch, dass es nicht das Ende der Weisheit bedeutet, sondern dass wir immer rüstig weiterschreiten, bis der Maßstab, das Winkelmaß und der Zirkel unserer Hand entgleiten.

Nochmals werden wir an die sieben Stufen der Meisterlaufbahn erinnert und an alles, was dazu gehört. Nochmals ziehen an unserem Auge vorbei: die sieben freien Wissenschaften, die sieben Künste, die verschiedenen Lebensalter, die sieben Tage der Schöpfung, die sieben Farben des Regenbogens, die sieben Metalle, die sieben Noten der Tonleiter, die vier Mondphasen zu je sieben Tagen, die sieben Weltwunder, die sieben Musen, die sieben Tugenden und die sieben Laster.

5.28 Wie klopfen die Meister?

Die Meister klopfen mit drei langen Schlägen von denen der letzte verstärkt wird.

In diesem Rhythmus liegt Beständigkeit, Festigkeit und Energie. Auch eine gewisse Vorsicht und Bedächtigkeit klingen heraus.

Mehr als der Lehrling und der Geselle, überlegt der Meister alle seine Taten wohl. Er ist vielleicht weniger rasch, aber wenn sein Plan fertig ist, dann wird er mit voller Kraft zur Ausführung gebracht.

Die drei Schläge deuten auch auf die Wurzeln der Meisterschaft hin, welche mit Vernunft, Verstand und Gemüt ausgeführt werden.

Es sei wohlbemerkt, dass der Nachdruck auf dem letzten Schlag liegt. Denn das Herz muss bei allem Tun seinen Takt schlagen, über Allem schwebt die Liebe. Den Meisterschlägen entsprechen schließlich auch die drei kleinen Lichter Weisheit, Stärke und Schönheit.

Weisheit ist gleichbedeutend mit der Bildung und dem Wissen; Stärke ist Arbeit, ist praktische Betätigung; Schönheit ist oberste Leitung, Disziplin, Ordnung, Friede, Harmonie, also das Arbeitsfeld der Meister.

Man kann sogar sagen, dass die drei Schläge auf die Todesschläge Hirams hinweisen.

Je nach Lehrart und Obödienz kann die Anzahl oder der Rhythmus der Schläge variieren.

Die Zahl Neun gehört zur Symbolik des dritten Grades, wenn auch weniger bekannt als die Sieben. Üblicherweise sollten im Meistergrad neun Schläge ausgeführt werden, als Quadrat der drei Lehrlingsschläge. Sie erinnern an die dreifache Dreiheit, welche die Vollkommenheit der Vollkommenheit darstellt, nämlich die Vollkommenheit des Seins, die Ganzheit der Welten und die kosmische Universalität.

5.29 Welche Tugenden muss der Meister besitzen?

Reinheit des Herzens, Wahrheit in Worten, Vorsicht in Handlungen, Unerschrockenheit bei unvermeidlichen Übeln und unermüdlichem Eifer im Bewirken des Guten.

Diese Werte können mit den drei theologischen Tugenden Glaube, Hoffnung, Liebe und den vier Kardinaltugenden Weisheit, Mäßigkeit, Tapferkeit und Gerechtigkeit umgesetzt werden. Aus philosophischer Sicht bildet Ethik das Fundament von Moral und Tugend, insbesondere der Menschenrechte.

Die Weisheit gehört zum Freimaurermeister. Diese soll alle Handlungen prägen, die der Meister mit Würde und im Streben nach Harmonie ausführt.

Die traditionell dreiteilige Struktur des Menschen erinnert an die klassischen drei Tugenden: Die Seele entspricht der Reinheit des Herzens, der Geist an die Wahrheit des Wortes und der Körper der Vorsicht des Handelns.

5.30 Schurz, Bijou, Handschuhe

Grundsätzlich gilt das Tragen eines schwarzen (dunklen) Anzuges mit weißem Hemd und wie bei der Trauerloge eine schwarze Krawatte oder Fliege. Im AFuAM-Ritual wird die weiße Fliege oder die weiße Krawatte beibehalten. Allerdings darf kein Ehrenzeichen

angelegt werden. Der Meister erhält bei der Erhebung einen neuen Schurz. Dieser wird wie das Band in der Trauerloge mit der schwarzen Seite (= Rückseite) getragen. Diese Symbolik ist im AFuAM-Ritual nicht mehr enthalten.

Die Meister tragen einen weißen Schurz mit blauem Saum und drei blauen Rosetten. Die drei Rosetten bilden mit dem Dreieck ein fiktives Hexagramm.

Je nach Ritus und Loge ist der Schurz des Meisters unterschiedlich gestaltet (rot statt blau, Tau statt Rosetten, M. B., usw.). Der „Hamburger Spaten" ist ohne Verzierung.

Die in den Farben der Sterne und des Himmels gehaltenen Sinnbilder deuten auf das höhere Leben hin, in das der geweihte Meister durch die Zeremonie der „Verwandlung" (Stirb und Werde) eingetreten ist. Das aufsteigende Dreieck der drei Rosetten hat eine weitere Bedeutung. Der Sinn der beiden unteren Rosetten bedeutet Meinung (= These) und Gegenmeinung (= Antithese).

Sie stellen die geistige Situation des profanen Lebens dar, wie sie dem jungen Maurer in den beiden ersten Graden begegnet. Die dritte Rosette, die auf einer höheren Ebene steht, symbolisiert die Synthese. Zu dieser gelangt der Maurer am Schluss seiner Meistererhebung, wenn er seine drei letzten geheimnisvollen Schritte überwunden hat. Die drei Rosetten symbolisieren auch die Standhaftigkeit Hirams. Noch eine andere Bedeutung: Die Rosette im

Dreieck (= das Geistige) hat das Viereck (= die Materie) überwunden. Die Dreizahl reicht weit zurück. Der iranische Priester und Philosoph Zoroaster (Zarathustra, ca. 1.000 Jahre v. Chr.) etablierte das Orakel: „Die Dreizahl glänzt überall im Universum" und meinte damit: „gut denken – gut reden – gut handeln".

Das Abreißen des Gesellenschurzes im Ritual ist eine Ermahnung, nicht dem sinnlichen Vergnügen als Lebensgrundsatz nachzulaufen. Im AFuAM-Ritual wird der Schurz schon vorher abgerissen.

Bijou und Handschuhe sind dieselben wie beim Lehrlings- und Gesellengrad.

5.31 Batterie

Eine Batterie (in die Hände klatschen) ist eine Kundgebung der Freude, beispielsweise nach einem Bauriss, einer Ehrung und erfolgt auf das Zeichen des MvSt. mit dem Aufruf:

„Auf mich, mit dem Zeichen und der Batterie!"

Grundsätzlich ist dies eine dreifache Batterie im Lehrlingsschlag. Je nach Loge bzw. Ritus und Obödienz erfolgen jedoch die Schläge bei Gesellenlogen im Gesellenschlag und in der Meisterloge manchmal auch im Meisterschlag.

In einigen Logen folgt der eigentlichen Batterie noch ein logeneigener Aufruf, z.B.:

„Vivat"
oder
„Er/Sie lebe/n!"

In der Meisterloge nach AFuAM wird keine Batterie durchgeführt – die Trauerstimmung soll nicht durchbrochen werden.

5.32 Die Bruderkette

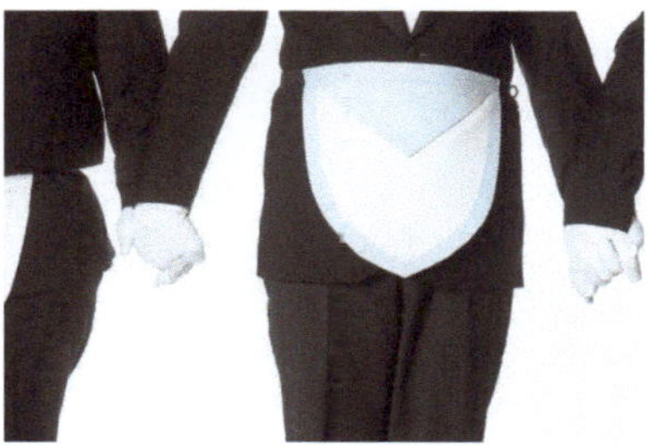

Die Brüder reichen sich die Hände und verbinden sich so zu einem unendlichen Band. In manchen Logen geschieht dies mit übereinander verschränkten Armen (Lemniskate). Von Br. Fernando

Casellini (Loge Libertas et Concordia i. Or. v. Chur) stammen die dazu passenden Worte:

«Mit der linken Hand geben wir von Herzen, mit der rechten Hand nehmen wir dankbar entgegen. Und mit festem Griff lassen wir unsere Energien durch die Kette strömen!»

5.33 Wie heißt das Passwort des Meisters?

Beim Eintritt in den Tempel wird dem Türhüter das Passwort als Erkennungszeichen im entsprechenden Grad unaufgefordert gegeben. Das Passwort ist je nach Ritus und Obödienz unterschiedlich.

Im Meistergrad heißt dieses in den deutschen AFuAM-Logen C***a, in den meisten Logen der Welt aber T***n und bezeichnet den Übergang von der zweiten zur dritten Stufe. Einige Logen verwenden im dritten Grad wieder das Passwort G***m, um zu zeigen, dass man auch nach der Erhebung zum Meister Lehrling bleibt.

T***n war der erste Erschaffer von brauchbaren Werkzeugen (aus Metall), welche am Tempelbau Salomo praktisch verwendet wurden.

Es wurde vermutet, dass T***n außerordentliche Geheimnisse hütete. Er verstand es nämlich, Kupfer, das der Venus zugeordnete weibliche Element, mit Zinn, dem männlichen, Jupiter zugeschriebenen Element, zu verbinden. Durch die Vereinigung des Gegensätzlichen entstand ein härteres Produkt, die Bronze.

So gilt T***n als der Erfinder der ersten Werkzeuge, die zum Behauen der Steine benötigt wurden und zum Wohle der Menschheit verwendet werden. Der Lehrling entledigt sich der Metalle, der Meister beherrscht sie.

5.34 Tafelloge, Brudermahl

Das traditionelle Brudermahl ist eine schöne, bewährte Tradition und dient der Geselligkeit. Ob nach der sehr ernsthaften Erhebung ein Brudermahl oder gar eine Tafelloge stattfinden soll, ist in der Freimaurerei umstritten.

Während in vielen Logen eine solche Tafelloge stattfindet, empfehlen andere Logen, z.B. AFuAM in Deutschland, dass der Bürge des erhobenen Bruders mit diesem das Logenhaus verlässt und sie zu zweit das Erlebte und auch die gesamte bislang absolvierte Maurerzeit noch einmal reflektieren. Viele Logen entlassen den Erhobenen und den Bürgen sogar vor Beendigung des Rituals, damit diese ungestört das Logenhaus verlassen können. Der Bürge soll den frischgebackenen Meister an diesem Abend ein letztes Mal einladen.

Wenn eine Tafelloge stattfindet, so ist hier der Tisch festlich gedeckt und mit einem blauen Mittelband, mit Kerzen und mit Blumen geschmückt.

In rituell geleiteten Tafellogen werden vielfach Trinksprüche (=„Gesundheiten", Toaste) ausgebracht und dazwischen Lieder gesungen.

Übliche Trinksprüche sind der auf das Vaterland, auf die Großloge, auf die (besuchenden) Brüder, auf die Schwestern bzw. Frauen sowie auf die kranken und in Not befindlichen Brüder, welche

nicht an der Tafel teilnehmen können. Je nach Loge werden noch Regalien getragen.

Beim Brudermahl kommt es weder auf eine reichhaltige Speise an noch auf die Ausstattung der Tafel. Vielmehr ist der tiefere Sinn, dass die Brüder bei gleicher Speise und gleichem Getränk miteinander vereint sind.

Die Leitung der Tafel oder des Brudermahls erfolgt durch den MvSt., den Zugeordneten MvSt. oder den Alt-MvSt.

5.35 Was bedeutet das Symbol der Rosen im 3. Grad?

Die drei Rosen erinnern an die Standhaftigkeit von Hiram Abif. Bereits bei der Aufnahme hatte der neue Lehrling diese Rosen erhalten, am Ende seines Lebens werden sie beim Trauerritual auf den Sarg gelegt.

Die Symbolik der drei Farben Weiß, Rot und Rosa bedeutet folgendes: Der Geist ist weiß (Kopf), das vegetative Leben, mit dem wir mit der Erde verbunden sind, ist rot (Fuß) und das Herz als Zentrum ist rosa (Vereinigung von weiß und rot).

5.36 Der Dank an den MvSt. - ein schöner Brauch

Es gibt Logen, die eine Tempelarbeit mit einem schönen Brauch abschließen. Nachdem der Zeremonienmeister die Brüder aus dem Tempel geführt hat, lässt er diese noch einen Augenblick schweigend verharren und sich ihren kontemplativen Gedanken hingeben. Wenn dann der MvSt. mit seinen Brüdern Beamten aus dem Tempel kommt, stößt er mit seinem Stab auf den Boden und spricht:

„Wir danken unserem Meister vom Stuhl und seinen Beamten für diese Arbeit. Auf mich meine Brüder!"

Es folgt eine Batterie, daraufhin dankt der Meister und lädt zum Brudermahl ein.

5.37 Was sollte ein Meister studieren?

- Das Ritual des 3. Grades in verschiedenen Systemen
- Die Werklehre des Meistergrades
- Vergleichende Symbolik der Maurerei
- Die Argumente der Kritiker

5.38 Vergleiche zwischen den Graden Lehrling, Geselle und Meister

Der nachfolgende Vergleich zeigt wichtige Unterschiede der drei Grade auf.

	Lehrling (Aufnahme)	**Geselle** (Beförderung)	**Meister** (Erhebung)
Kammer des Stillen Nachdenkens (in Deutschland: Dunkle Kammer)	1 Kerze Bibel, Philosophische Werke; Schwefel, Salz, Quecksilber, (V.I.T.R.I.O.L.); auch: Wasser, Brot, Salz	2 Kerzen Spiegel, Bibel, Blumen	1 Kerze Sanduhr (Stundenglas) Schädel (Totenkopf)
Passwort	T***n (G***m)	Sch***th	C***a (T***n)
Alter (Jahre)	3	5	7 (und mehr)
Eintritt in Tempel	Augenbinde	begleitet von 2 Meistern	rückwärts
Stufen	3 (Geburt)	5 (Leben)	7 (Tod, Auferstehung)
Zeichen	Hand am Hals (Gutturale)	Hand auf Herz (Pectorale)	Hand am Bauch (Stomachale)
Wort	J***n: Erkenne Dich selbst!	B***s: Stärke Dich!	M. B.: Er lebt im Sohne
Griff / Klopfen	•• ●	● ••	● ● ●

	Lehrling (Aufnahme)	**Geselle** (Beförderung)	**Meister** (Erhebung)
Motto	Schau in Dich!	Schau um Dich!	Schau über Dich!
Frage	Woher kommen wir?	Wer sind wir?	Wohin gehen wir?
Arbeit (wo/mit was?)	am rauen Stein mit dem Spitzhammer	am kubischen Stein mit der Kelle	am Reißbrett mit dem Zirkel
Reisen	3: Erde, Feuer, Wasser, (Luft)	5: Gold, Lorbeerkranz, Dolch (und Spiegel, Flammender Stern), oder: Silber, Erz, Eisen, oder: Meißel und Hammer, Zirkel und Lineal, Stemmeisen, Winkelmaß, (Spiegel); je nach Ritus auch nur 2 Reisen	1: Memento mori (Denk an den Tod)
Lohn erhalten	bei Säule J.∴	bei Säule B.∴	Mittlere Kammer
Schwerpunkt Gelübde	geistige Vervollkommnung	moralische Vervollkommnung	spirituelle Vervollkommnung
Werkzeuge	24-zölliger Maßstab, Spitzhammer, Zirkel, Winkelmaß	Kelle, Fausthammer mit Meißel, Winkelmaß, Lineal, Senkblei, Wasserwaage	Zirkel, Lineal, Winkelmaß, Akazienzweig

	Lehrling (Aufnahme)	**Geselle** (Beförderung)	**Meister** (Erhebung)
Im Osten	Sonne, Mond, Dreieck (= allessehendes Auge)	Sonne, Mond, Pentagramm	Hexagramm
Verhalten in der Loge	schweigen, zuhören, fragen	fragen, mitreden, aktiv teilnehmen	zum Denken anregen, die Toleranz fördern
Vorbereitung	physisch (ohne Metalle)	sittlich	sp rituell
Vervollkommnung	Selbsterkenntnis	Selbstbeherrschung	Selbstveredelung

6. Konferenzen, Meisterbaurisse

6.1 Verhalten im Konferenzraum

Bei der Ankunft in der Loge bzw. im Refektorium ist selbstverständlich, dass

- man sich mit dem persönlichen „Du“ begrüßt und auch nach der Beendigung der Konferenz wieder persönlich verabschiedet
- man sich in das Präsenzbuch einträgt
- man sich beim Besuch von befreundeten Logen ins Gästebuch einträgt und die Gästekarte ausfüllt
- man Zeichen, Wort und Griff im entsprechenden Grad der stattfindenden Arbeit vornimmt
- man die spätere Wortmeldung dem Zeremonienmeister vorab bekannt gibt
- man das Zeichen immer stehend gibt und nie im Sitzen

6.2 Meisterbauriss

Lehrlinge und Gesellen sind verpflichtet, Pflichtbaurisse zu halten zur späteren Beförderung bzw. Erhebung. Sie dienen den Brr. Lehrlingen und Gesellen als Standortbestimmung in ihrer freimaurerischen Entwicklung.

Diese Baurisse von Lehrlingen und Gesellen werden ballotiert. Die Baurisse werden nach einer kurzen Pause diskutiert.

Man enthalte sich verletzender Kritik! Brüderliche Kritik soll aufbauenden und ergänzenden Charakter haben.

In Deutschland gibt es diesbezüglich kein einheitliches Vorgehen. Die dort „Zeichnung“ genannten Vorträge werden teilweise im Ritual, teilweise aber auch an Kolloquiums-Abenden gehalten. Eine Ballotage ist nicht üblich. Ob die Inhalte der Ausführungen im Bruderkreis besprochen werden, ist von Loge zu Loge unterschiedlich.

Für Meister besteht keine Pflicht, einen Bauriss zu halten. Jeder Br. Meister sollte sich jedoch verpflichten, innerhalb von zwei darauffolgenden Jahren nach der Erhebung einen Meisterbauriss vorzulegen.

7. Instruktionen

7.1 Klassische Instruktionen

Die klassischen Instruktionen erfolgen nach wie vor in der eigenen Bauhütte durch erfahrene Meister. In den meisten Logen gibt es Instruktionsrituale und Werklehren. Zum Selbststudium eignen sich die klassische Freimaurer-Literatur und das Internet (siehe Kapitel 14. Verwendete Quellen).

Die Instruktionen sind eine notwendige und verdienstvolle Aufgabe der Bauhütten und fördern das Wissen aller Brüder insbesondere die Symbolik und Ritualistik betreffend.

Die logeninternen Instruktionen können vielfältig gestaltet werden und sind für LL und GG obligatorisch. In den meisten Logen gibt es eigene Instruktionsrituale, auch Werklehren dienen der Instruktion. Im Weiteren können die unterschiedlichen Grade bzw. Rituale, Werkzeuge oder Symbole instruiert werden.

In Deutschland hat die Großloge AFuAM Instruktionsrituale in allen drei Graden vorgelegt. Sie sind verbindlich, jede Loge ist verpflichtet, in einem Maurerjahr wenigstens ein Instruktionsritual durchzuführen.

Selbst einzelne Aussagen in den Ritualen können vertieft in Form einer Instruktion behandelt werden, um das Verständnis der maurerischen Inhalte zu fördern. Wichtig ist, dass Instruktionen überhaupt durchgeführt werden.

Für die intensive Beschäftigung mit einzelnen Themen der Freimaurerei steht in der Regel auch eine Logen-Bibliothek zur Verfügung.

Kurz: Ein Freimaurer muss wissen, was der Sinn der Symbole ist, was die Werkezeuge bedeuten und wie er sich in der Loge zu benehmen hat. Damit können peinliche Situationen und schmerzliche Überraschungen vermieden werden. Dagegen hilft nur üben!

7.2 Reisen in andere Logen

Im Sprichwort „Reisen bildet“ liegt eine große Wahrheit. Insbesondere bieten Besuche von Tempelarbeiten in anderen Logen viele neue Erkenntnisse.

Besuche befreundeter Logen werden zu praktischen Instruktionen, wenn die Rituale aufmerksam miterlebt und danach reflektiert werden. Vielfach sind es nur Details oder einzelne Aussagen im Text, die plötzlich neue Einsichten bringen.

Beim Besuch von anderen Logen, insbesondere von Tempelarbeiten, wird man z.T. mit unterschiedlichen Anordnungen in der Ausstattung des Tempels oder anderen Ritualtexten konfrontiert. Daher ist es umso wichtiger, dass man die Gebräuche der Mutterloge versteht und sie reflektieren kann.

Auch Meister sollten reisen und andere Logen besuchen, auch wenn es keine Pflicht mehr ist wie für Gesellen. Reisen in andere Logen sind anschauliche Instruktionen und Erlebnisse. Es muss selbstverständlich sein, dass Meister mit der Funktion als Pate Lehrlinge und Gesellen beim Besuch von anderen Logen begleiten.

7.3 Grußbotschaften

Es ist aber üblich und auch selbstverständlich, dass man beim Besuch von fremden Logen die Grußbotschaften der eigenen Loge bzw. des MvSt. überbringt.

Dazu steht man auf, tritt ins Ordnungszeichen und überbringt die Grußbotschaft. Nur wenn man verhindert ist, am Brudermahl teilzunehmen, kann die Grußbotschaft ausnahmsweise im Tempel überbracht werden (gilt nur für die Schweiz). In Deutschland können die Grüße auch im Ritual bei der „Umfrage“ überbracht werden.

Es ist ein Akt der Höflichkeit, sich kurz zu fassen. Niemand schätzt es, wenn die als kurze Reden gedachten Grüße langatmig vorgebracht werden. Mit einem Augenzwinkern kann man es so formulieren:

„Sprich frei über alles – aber nicht über fünf Minuten.“

Hat ein Bruder einen persönlichen oder speziellen Bezug beispielsweise zu einem neu aufgenommenen Bruder, kann die Grußbotschaft mit erweiterten Ausführungen durchaus angebracht sein.

8. Zahlen im 3. Grad

Die Sechs (6)

Das Hexagramm

- Vermählung von Feuer △ (männlich, positiv und aktiv) und Wasser ▽ (weiblich, negativ und passiv); dadurch entsteht das Siegel Salomo oder der Davidstern oder das Hexagramm
- Die Sechs entspricht dem Makrokosmos
- Die 6. Kunst ist die Musik

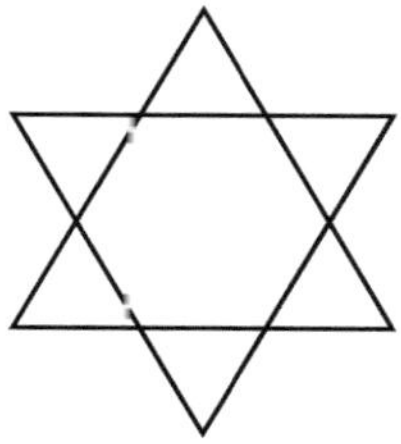

Die Sieben (7)

Die Zahl der Harmonie, die Siebenzahl

Wie beim Würfel ergibt die Addition zwei gegenüberliegender Zahlen im Hexagramm sieben

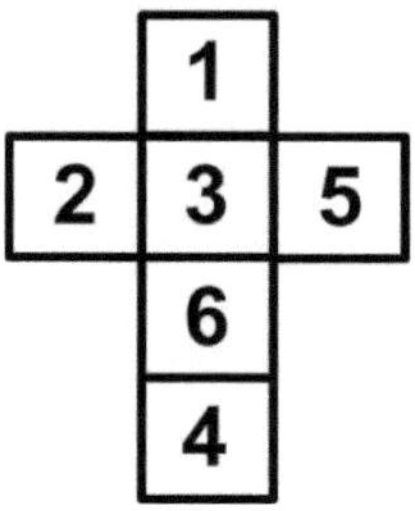

- Die sieben Künste
- Die 7. Kunst ist die Astronomie
- Die Sieben stellt fest, gründet, organisiert, koordiniert, harmonisiert, produziert
- Die sieben „Planeten“: Sonne, Mond, Mars, Merkur, Jupiter, Venus, Saturn
- Die siebenstufige Tonleiter
- Die Himmelsleiter hat sieben Stufen

- Sieben Tage der Woche
- Über die Zahl Sieben steigt der Geselle zum Meister auf
- Sieben Tugenden: Gerechtigkeit, Tapferkeit, Weisheit, Mäßigkeit, Glaube, Hoffnung, Liebe
- Sieben Laster: Stolz, Neid, Völlerei, Geiz, Faulheit, Zorn, Wollust
- Sieben verhält sich zu acht wie J∴ zu B∴
- Die Drei-Einheit schließt die Siebenzahl in sich ein

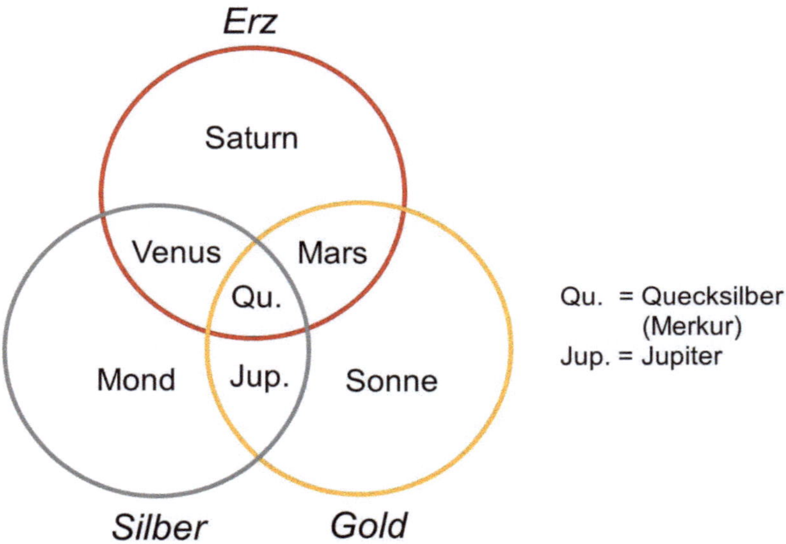

Alchimische Betrachtung der Sieben:
Quecksilber als Ergebnis der Summe aus Gold, Silber und Erz,
Merkur als Ergebnis aus Sonne, Mond und Saturn.
(Abb.: Br. Hans Fischer)

Die Acht (8)

Die Zahl des Gleichgewichts

- Die Acht konsolidiert, erhält und verteilt die Ordnung, erhält die Harmonie
- Sie ist die Zahl der Stabilität

- Sie ist statisch (die Sieben hingegen ist dynamisch: Die Acht korrespondiert mit der Venus, die Sieben mit dem Mars)
- Die Acht entspricht dem weiblichen Prinzip, (die Sieben dem männlichen Prinzip)
- Die Acht ist der Kubus der Zahl 2^3 und der 8. Buchstabe des alten phönizischen Alphabets, Chet, der in vereinfachter Form zu unserem H geworden ist, aber auch zur Zahl Acht.

Dies führt zurück auf das längliche Viereck, das die Loge bzw. das höchste maurerische Ideal bildet.

- acht entspricht dem Redner, sieben dem MvSt., neun dem Schreiber (Sekretär)
- Zahl der Liebe (5 + 3 ≙ Ehe)

Die Neun (9)

Die Enneade oder Neunheit, dreifache Dreiheit

Die drei Reihen entsprechen dem Lehrling, dem Gesellen und dem Meister

1	2	3	Geist (Verstand, Denken)
4	5	6	Seele (Gefühl, Willen)
7	8	9	Leib (Bewegung, Tätigkeit)

- 1,4,7 sind männlich
- 2,5,8 sind weiblich
- 3,6,9 sind sächlich

Die Zehn (10)

Die Sephiroth (Kabbala)

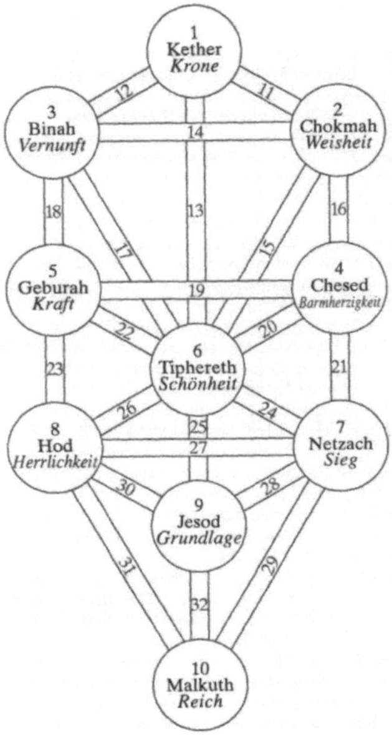

- Eine Dekade
  - Die mittlere Kolonne 1, 6, 9, 10 ist neutral oder androgyn (= zwittrig)
  - 2,4,7 entsprechen der Säule Jod, männlich-aktiv
  - 3,5,8 entsprechen der Säule Beth, weiblich-passiv
- 1: die Krone entspricht dem MvSt.
- 2: Weisheit oder Vernunft entspricht dem Redner
- 3: registrierendes Verständnis entspricht dem Protokollierenden Schreiber (Sekretär)
- 4: die Gnade entspricht dem Armenpfleger, Almosenpfleger
- 5: die Strenge entspricht dem Schatzmeister
- 6: die Schönheit entspricht dem Zeremonienmeister
- 7: die Festigkeit (Stärke) entspricht dem 1. Vorsteher (Aufseher)
- 8: der Glanz und Ruhm (Schönheit) entspricht dem 2. Vorsteher (Aufseher)
- 9: die Basis, das Fundament entspricht dem Bruder Experten (Vorbereitender Bruder)
- 10: das Königreich, die profane Welt entspricht dem Türhüter (Wachthabender)
- „J∴„ = Jod (nicht Jakin), „B∴„ = Beth (nicht Boas)

Die Elf (11)

Die Geheimnisvolle

- Die Elf besteht aus den Zahlen 5 und 6, den Zahlen des Mikro- und Makrokosmos
- Der zentrale Stern entspricht dem Menschengeist, entspricht dem Menschen, der im Vollbesitz seiner Kräfte ist (7. Sephirot)
- Die Elf ist auch Summe von 4 und 7: positiver Wille
- 9 und 2: einweihende Kraft
- 3 und 8: handelnde Kraft
- 1 und 10: die Synthese der Dekade (Tabula Smaragdina, die philosophische Basis der Hermetik des Hermes Trismegistos)

Die Zwölf (12)

Die älteste Kreisteilung

- Die Teilung in zwölf entspricht der ältesten und natürlichsten Teilung des Kreises. Sie wird erreicht durch die in einem rechten Winkel sich schneidenden Durchmesser und durch vier Kreisbogen vom gleichen Radius.
- Die Teilung übertrug man auf den Himmel mit den zwölf Tierkreiszeichen und den zwölf Monaten.

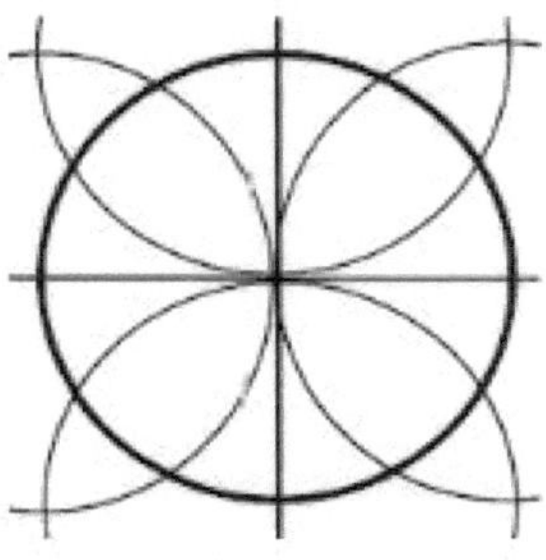

- Die Zwölf entspricht 3 mal 4, was sowohl dem Geistigen wie auch dem Materiellen entspricht.
- Die Zwölf ist die Zahl der Arbeiten des Herkules, verweist auf die zwölf Stämme Israels und die zwölf Apostel.

9. Magische Aspekte des Meistergrades

*Von Frater Mutabur**

Die beiden Aspekte der Freimaurerei

Viele Freimaurer stehen der Behauptung, dass „ihre" Rituale spirituelle und sogar magische Aspekte beinhalten, skeptisch gegenüber. Gern beruft man sich auf die in den Ritualen vermittelten aufklärerischen ethischen Werte und interpretiert das rituelle Geschehen somit als eine „Schule der Humanität".

Dies ist sicher nicht falsch, jedoch spiegelt diese Sicht der Dinge eben nur eine Seite der Freimaurerei wider. Auf der anderen Seite beinhalten die Rituale auch ein Jahrhunderte altes spirituelles Wissen, welches über mehrere Epochen der Menschheitsentwicklung verfeinert und vervollkommnet wurde.

Die freimaurerischen Rituale lediglich als ethisches Wertesystem zu interpretieren, bedeutet, sie meines Erachtens zu einem akademischen Gedankenexperiment zu deklassieren und sie ihrer lebendigen Wirkungskraft zu berauben.

Gerade die über Jahrhunderte verfeinerte Symbiose von Rationalem und Spirituellem, von Logos und Mythos, machen ja das Einzigartige der Königlichen Kunst aus.

Auch ist es so, dass viele Interessenten gerade das spirituelle Element in der Freimaurerei suchen und einiges spricht dafür, dass der Übergang von der operativen zur spekulativen Maurerei durch diese Sehnsucht nach magischem Wissen überhaupt erst zustande kam.

Elias Ashmole
Ausschnitt aus Gemälde von John Riley (1646–1691)

Ein herausragendes Beispiel hierfür ist Elias Ashmole (1617-1692), der in der Literatur als einer der ersten spekulativen Maurer genannt wird.

Warum sollte ein Mann wie er sich einem einfachen Handwerkerbund anschließen? Wahrscheinlicher ist

* *„Frater Mutabur" ist ein Pseudonym. Wir danken dem Autor für die Nachdruckerlaubnis.*

vielmehr, dass sein Interesse dem magischen Wissen, das in den Logen praktiziert wurde, galt.

Seines Zeichens Wissenschaftler, Rechtsanwalt und Alchemist, verband Ashmole die verschiedenen Erkenntniswege des Rationalen und des Spirituellen harmonisch miteinander und übersetzte alchemistische Bücher aus dem Lateinischen ins Englische.

Hervorzuheben sind sein 1652 veröffentlichtes „Theatrum Chemicum Britannicum", eine Sammlung alchemistischer Gedichte, das in alchemistischen Kreisen auf hohe Wertschätzung stieß, sowie seine unter dem Pseudonym James Hasolle (ein Anagramm seines Namens) publizierte Übersetzung von „Fasciculus Chemicus" (1650) von Arthur Dee.

Warum scheuen sich so viele Freimaurer davor, sich zu ihren spirituellen oder, genauer gesagt, magischen Wurzeln zu bekennen?

Ist es nur die Angst, als Spinner abgetan zu werden?

Oder liegt es daran, dass wir uns diesem Wissen zu wenig widmen und daher seine Weisheit nicht mehr erkennen?

Was bedeutet überhaupt „Magie"?

Auf einer ersten Ebene könnte man antworten: Magie ist eine Sache der Wahrnehmung, eine Praxis, die es uns erlaubt, Dinge „mit anderen Augen" zu sehen.

Zuvor nicht Wahrgenommenes rückt in unseren Blickwinkel und führt in einem zweiten Schritt dazu, dass auch wir, die Betrachter, durch das Betrachtete eine Wandlung erfahren.

Auf einer zweiten Ebene ist Magie mehr als nur die Erweiterung des Blickes, sie ist ein willentliches Hervorrufen oder Verändern von materiellen und immateriellen Seinszuständen.

Bruder Aleister Crowley hat das in zwei Gedanken formuliert: Zum einen bezeichnet er Magie (Magick) als „Die Kunst und Wissenschaft, die Welt in Übereinstimmung mit dem Willen zu formen", zum anderen nennt er sie „die Methode der Wissenschaft" und „das Ziel der Religion".

Bereits hier wird deutlich, dass Ratio und Vernunft nicht im Widerspruch zum Willen und zur Spiritualität stehen, sondern vielmehr eine Einheit bilden.

Doch zurück zum Ritual der Freimaurermeister. In den ersten beiden Graden (Lehrling und Geselle) mochte es vielleicht noch angehen, das rituelle Geschehen rein „weltlich" zu interpretieren, im Meistergrad hingegen ist dies ganz offensichtlich nicht mehr möglich.

Explizit wird hier das große Mysterium des „Stirb und Werde" in den Mittelpunkt gestellt. Die Überwindung des Todes bedeutet nicht, ihn zu leugnen, sie bedeutet, ihn als notwendig zu akzeptieren.

Das ist die zentrale Aussage aller großen Religionen und spirituellen Schulen. In diesem Sinne ist die Freimaurerei in eben diese Tradition gestellt und wir sollten uns nicht scheuen, uns dazu zu bekennen.

Was genau geschieht in unserem Tempel?

Zunächst einmal werden wir Zeuge einer merkwürdigen Veränderung. Als rechtschaffener Bruder, der die gesetzmäßige Zeit am Bau gearbeitet hat, betritt der Neophyt – ein hoffnungsvoller Geselle – den Raum.

Er begehrt den Lohn der Meister, doch was ihn erwartet, ist alles andere als „erhebend": Umgeben von Symbolen der Trauer, der Vergänglichkeit, des Todes, findet er die Plätze der Brüder leer und unvermittelt steht ihm eine letzte Reise bevor.

Damit nicht genug: Er erfährt in einer Legende von anderen Gesellen, die ein schreckliches Verbrechen aus niederen Beweggründen begangen haben. Ist vielleicht er einer dieser Gesellen? Rückblickend erklären sich ihm nun auch bestimmte Elemente der vorangegangenen Initiationsstufen.

Im Angesicht des Todes begreift der Neophyt, dass auch er nicht frei ist von jenen negativen Energien, für die die „bösen" Gesellen in der Hiramlegende symbolisch stehen.

Letztlich ist er selbst es, der durch sein Verhalten sein Schicksal bestimmt. Doch nicht durch manuelle Tätigkeit, Fleiß und Mühe, sondern allein durch einen inneren Reifeprozess kann dies geschehen.

Zu einem tugendhaften Lebenswandel muss noch etwas anderes hinzukommen, das man als innere Öffnung für das kosmische Ganze bezeichnen könnte.

Der Grad des Freimaurermeisters ist somit in erster Linie ein tiefenpsychologisches Experiment, er entspricht der alchemistischen Suche nach der Wandlung vom Unreinen zum Reinen, er ist der Verweis auf das alte solve et coagula, den Sieg der Tugend über den Tod.

Gibt es ein „höchstes Ziel"?

Das höchste Ziel der Magie ist das Schöpferische – was aber kann schöpferischer sein als die Erschaffung von Leben? Bereits Alchemisten versuchten in ihren Laboren „künstliches" Leben, den Homunkulus, hervorzubringen und auch heute bemühen sich Gentechniker, diesen alten Menschheitstraum Wirklichkeit werden zu lassen.

Arbeitstafel des von Br. Hans Fischer geschriebenen Rituals „Der Weg zu sich selbst". Das Ritual wurde am 17. März 2016 in Zürich anlässlich der Gemeinsamen Arbeit der Zürcher Logen uraufgeführt

Sind moderne Wissenschaft und Alchemie also tatsächlich so weit voneinander entfernt, wie es oft behauptet wird?

Trägt nicht das Leben selbst schon die schöpferische Kraft in sich?

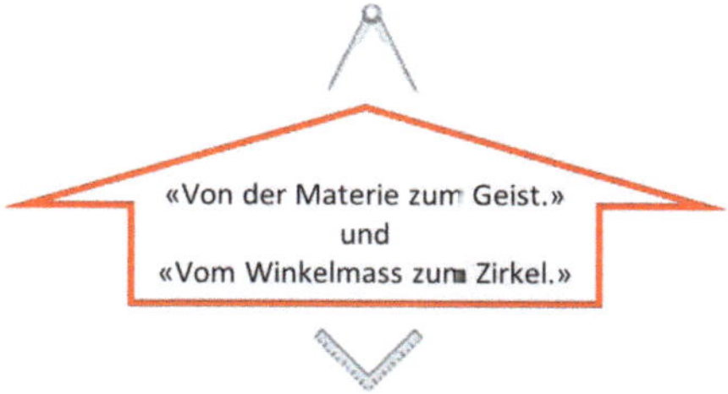

Der Weg des Meisters

Der französische Philosoph Henri Bergson nannte diese Kraft „élan vital", eine Kraft, die Wille zur Formbildung und Differenzierung ist und damit den „unbelebten" physikalischen Gesetzen zu trotzen vermag.

Wir alle sind Magier in jenem Sinne, als wir uns fortpflanzen und so neues Leben erschaffen können. Wir sind erfüllt von göttlicher Kraft.

„Jeder Mann und jede Frau ist ein Stern", einzigartig, leuchtend, sich frei im Universum bewegend. Manchmal kreuzen sich unsere Bahnen, manchmal kollidieren wir und neue Sterne werden geboren.

Der Tod ist Bestandteil des Lebens, nicht sein Ende – diese Erkenntnis ist dem in das Dunkel des Todes wandernden Gesellen Licht und Stütze.

Festen Mutes, frei von Angst überschreitet er den Sarg, das Symbol materieller Endlichkeit. Vom Winkelmaß zum Zirkel führt hierbei sein Weg.

Der kabbalistische Baum des Lebens

Betrachtet man die in den vorangegangenen Graden verwendete Arbeitstafel, so entdeckt man in ihr den kabbalistischen Baum des Lebens.

Der kabbalistische Baum des Lebens lässt sich durch die Blume des Lebens herleiten.

Bereits zweimal hat der Geselle sich mittels der zuvor gelernten Schritte in verschiedener Weise über diese Struktur bewegt. (In

Der kabbalistische Baum des Lebens lässt sich durch die Blume des Lebens herleiten

den schweizerischen Logen ist es verboten, über die Arbeitstafel zu gehen.)

Nun, im Grad des Meisters, führen die neuen Schritte ihn einen neuen Weg. Zum dritten und letzten Mal betritt der Suchende den Weg von der Welt des Handelns (Ego) über die Welt der Formung und Kreation (Selbst) zur transzendenten Welt (Geist).

Das Körperliche zurücklassend, erfährt der Sich-Wandelnde einen Prozess der Reinigung und Läuterung. Auch hier aber erwarten ihn Gefahren: Wird es gelingen, den Abyss (= Abgrund des Todes) unbeschadet zu überwinden?

Auch das ursprüngliche Ansinnen, „mehr Lohn" zu erhalten, relativiert sich auf diesem Weg des Gesellen. Nicht pekuniärer Reichtum, sondern Reichtum der Seele sind der wahre Meisterlohn, und das geheime Wort, das nur Hiram bekannt war, ist bei weitem mehr als ein banales Wort, um mehr Lohn zu erhalten. Das ist die tiefe Erkenntnis des Meistergrades.

Gewinne neues Leben!

Im Akt der Erhebung schließlich erblicken wir die tiefste magische Handlung des Meisterrituals.

Nachdem die beiden Aufseher vergeblich ihre Kraft versuchten (die Kräfte ihrer magischen Worte genügen nicht, um den Neophyten zu erheben), ist es schließlich der Meister vom Stuhl der Loge, der mit den fünf Punkten der Meisterschaft das Dunkel des Todes vertreibt und das Leben zurückkehren lässt.

In den Handlungen des Meisterrituals ist mehr angedeutet als nur die allegorische Darstellung individueller Unsterblichkeit.

Gleichzeitig wird hier auch der Übergang von der alten zur neuen Religion, die Übergabe und Transformation uralten Wissens dargestellt.

Die Symbolwelt der Freimaurerei bedient sich vielen Religionen, denn sie ist keiner Glaubensrichtung feindlich gesonnen. Als Freimaurer wissen wir, dass eine spirituelle Verbindung zwischen allen großen spirituellen „Bauwerken“ besteht.

Der zum Leben, besser, zu neuem, gewandelten Leben zurückgekehrte junge Bruder Meister wird diese Lehre verinnerlichen.

Gelassenheit, Vergebung und Liebe werden ihn von nun an mehr führen als das niedere Streben nach den Werten der materiellen Welt.

Sein Lohn ist das Leben selbst.

10. Gebete

In der Freimaurerei wird der persönliche Glaube als reine Privatangelegenheit angesehen, die nicht hinterfragt oder gar kritisiert werden darf.

Gleichwohl heißt es in Andersons „Alten Pflichten", dass man als Freimaurer weder ein sturer Gottesleugner noch ein bindungsloser Freigeist sein soll. Freimaurer achten den Glauben des Anderen wie ihren eigenen.

Diese Toleranz gegenüber allen religiösen Überzeugungen kommt insbesondere in den rituellen Passagen zum Ausdruck, in welchen der „Große Baumeister aller Welten" direkt angesprochen wird.

Vor Öffnung und Schließung der Loge soll der MvSt., so steht es im Ritual der AFuAM, „ein Gebet oder ein geeignetes Gedicht" sprechen. Damit ist klargestellt, dass Gebete in unsere Rituale gehören. Auch bei Tafellogen und beim Brudermahl sind diese Texte zum Vortragen geeignet.

Wir haben ein paar Beispiele zusammengetragen und danken Br. Walter Plassmann (AStM. *Die Brückenbauer* i.Or. Hamburg) für die Nachdruckerlaubnis. Sie können auch als Vorlagen für eigene Gebete genommen und angepaßt werden.

Zur Öffnung der Loge (alle Grade)

Großer Baumeister aller Welten!
Die Brüder sind versammelt zur Arbeit.
Halte Deine segnende Hand über unsere Arbeit.
Schütze unseren Tempel vor störenden Einflüssen.
Erfülle die Herzen der Brüder mit Deinen Eingebungen.

So soll es sein.

Großer Baumeister aller Welten!
Die Arbeit an Deinem Tempel weist uns auch auf die Begrenztheit unseres irdischen Daseins hin.
Gib uns die Kraft, aus dieser Begrenztheit zu lernen.
Gib uns die Weisheit, Deine Ratschlüsse zu verstehen.
Und gib uns den Mut, vor den Herausforderungen
nicht zu verzagen.

So soll es sein.

Zur Öffnung der Loge (Aufnahmearbeit)

Großer Baumeister aller Welten!
Die Brüder sind versammelt, um in großer Freude an Deinem Tempel zu arbeiten.
Heute wollen wir einen weiteren Bruder
in unsere Kette aufnehmen.
Segne unsere Arbeit.
Gib uns Kraft, damit wir nicht nachlassen beim Bau des Tempels.
Und stärke den Suchenden, damit die bevorstehenden Prüfungen das Verlangen wecken, dem zu Deinen Ehren errichteten Bund dienen zu wollen.

So soll es sein.

Zur Öffnung der Loge (Johannisfest)

Großer Baumeister aller Welten!
Heute beginnen wir ein neues Maurerjahr.
Unsere Arbeit wird uns durch die Höhen und Tiefen unseres Lebens führen.
Gib uns Weisheit, um auf den Höhen nicht übermütig zu werden.
Gib uns Kraft, um in den Tiefen nicht zu verzagen.
Und gib uns Zuversicht, um zu jeder Zeit fest an Dich zu glauben – so unverständlich uns die Schläge des Schicksals auch erscheinen mögen.
Alles, was uns widerfährt, kommt von Dir und dient dazu, dass wir an unserer Vervollkommnung arbeiten können.
Hierfür danken wir Dir.

So soll es sein.

Zur Schließung der Loge (alle Grade)

Großer Baumeister aller Welten!
Wir danken Dir für Deine segnende Hand.
Wir danken Dir für die Eingebungen,
die in unser Herz geströmt sind.
Wir danken Dir für die Stunde, in der die Brüder im Ritual vereinigt waren und die uns die Kraft gegeben hat, weiter an Deinem Tempel zu arbeiten.

So soll es sein.

Großer Baumeister aller Welten!
Die Brüder waren zu Deinen Ehren versammelt.
Wir sagen Dir Dank, daß Du unsere Arbeit gesegnet hast.
Wir sagen Dir Dank, daß Du uns die Kraft gibst, unsere gute Loge durch die Fährnisse der Zeit zu steuern.
Erinnere uns in jeder Stunde an unsere brüderlichen Pflichten.
Gib uns auch weiterhin diese Kraft und halte Deine schützende Hand über uns.

So soll es sein.

Großer Baumeister aller Welten!
Wir haben uns in unserer heutigen Arbeit erneut bewußt gemacht, daß unsere Kette verbunden ist mit den alten Meistern, die unter Deiner Anleitung den Tempelbau begonnen haben.
Laß uns an den Weisheiten der alten Meister teilhaben und gib uns Kraft, Mut und Klarsicht, die Kette fortzuführen zu Deinem Ruhm.

So soll es sein.

Zur Schließung der Loge (mit Trauer-Zeremonie)

Großer Baumeister aller Welten!
Wir haben uns bemüht, den Bau an Deinem Tempel voranzubringen.
Hierbei mußten wir erneut erfahren,
dass unsere Zeit hienieden begrenzt sein wird.
Nimm unseren Bruder N.N., der uns in den Ewigen Osten vorangegangen ist, mit Güte auf und schenke ihm Deine Gnade.
Gib uns Weisheit und Langmut, damit wir die uns verbleibende Zeit klug nutzen, und damit wir vorbereitet sind, wenn auch wir durch das Tor zum Ewigen Osten schreiten werden.

So soll es sein.

Zur Öffnung der Loge (Gesellenarbeit)

Großer Baumeister aller Welten!
Du hast die Welt geschaffen und ihr Ausmaß.
In Demut und Ehrfurcht vor Deinem Werk
arbeiten die Brüder an Deinem Tempel.
Mit großer Freude geleiten wir heute zwei Brüder zu einer weiteren Stufe des Tempelbaus.
Nimm unsere Bemühungen um den Tempelbau als Zeichen unseres Dankes und unserer Verehrung entgegen.
Gib den Brüdern, insbesondere den heute zu befördernden Lehrlingen, die Kraft, die Arbeit an Deinem Tempel fortzusetzen.

So soll es sein.

Zur Öffnung der Loge (Meisterarbeit)

Großer Baumeister aller Welten!
Du hast die Welt geschaffen und ihr Ausmaß.
Du hast unser Leben mit Geheimnissen durchwirkt.
Das größte Geheimnis ist der Tod.
Du leitest uns an, Deine Geheimnisse zu ergründen.
Wir wollen dies tun – auch heute wieder.
Du wirst uns Deine Geheimnisse offenbaren,
wenn wir Deiner Schritte Spur folgen.
Gib uns hierfür die Kraft, die Ausdauer und die Demut!

So soll es sein

Zur Öffnung der Tafelloge

Großer Baumeister aller Welten!
Die Brüder sind zur Erholung versammelt.
Auch dabei werden wir nicht vergessen,
dass wir am Großen Bau arbeiten.
Wir danken Dir für die Stunden,
in denen wir zusammenkommen dürfen.

So soll es sein!

11. Nachwort

Um was geht es letztlich in der Freimaurerei?

Die mit den Symbolen und in den Ritualen vermittelte und erlebte Spiritualität sollen die Voraussetzungen zum verantwortungsvollen Handeln und Bauen am Tempel der Humanität und zur Verbesserung der Menschlichkeit schaffen. Das ist in erster Linie der Auftrag an den einzelnen Freimaurer.

Logen und Großlogen sollen das öffentliche Handeln des Freimaurers in geeignetem Masse vorbereiten und unterstützen.

Diese Instruktion dient dem Selbststudium. Das wirkliche Wesen des rituellen Geschehens vermag aber allein das Erlebnis zu vermitteln.

Spiritualität

Eine persönliche Weiterentwicklung im Sinne der freimaurerischen Lehrart kann nur mit der entsprechenden Orientierung nach Werten wie Verantwortung, Toleranz, Mitgefühl, Verzeihung, Demut, Bescheidenheit, Solidarität, Zufriedenheit, Ethik, Humanität, Brüderlichkeit einhergehen.

Es geht - mit der entsprechenden Ehrfurcht - um die geistige Verbindung zu einer höheren Autorität, die wir Freimaurer den Allmächtigen Baumeister aller Welten nennen.

Handeln

Der einzelne Freimaurer soll sich an seinem Platz nach humanistischen Wertvorstellungen, nach seinen Möglichkeiten und auf seine Art und Weise in der profanen Welt zum Wohle der Gesellschaft engagieren.

Er soll sich um die Wahrheitsfindung bemühen, eine nachhaltige Moral praktizieren und wohltätig sein.

Das heißt, er soll in seinem Handeln im Alltag, in der Berufswelt und in der Freizeit die sozialen, ökologischen und ökonomischen Aspekte miteinbeziehen, mithin nachhaltig handeln. Dann werden Freimaurer zu Multiplikatoren, zu nachahmenswerten und gelebten Vorbildern.

Der Apell aus Äsops Fabeln

„Was immer Du tust, bedenke das Ende!“

mahnt uns zu klugem und zielorientiertem Handeln.

12. Kritischer Ausblick im Sinne eines Appells

Die Instruktion vermag uns hoffentlich wieder zu erinnern, was wir sein sollten, nämlich ein Glied der imaginären Bruderkette, das den freimaurerischen Geist der Tradition aus der Vergangenheit über die gelebte Gegenwart in die Zukunft verbindet.

Ein initiatorischer Bund wie die Freimaurerei bedarf eines Zieles und einer persönlichen, inneren und äußeren Aktivität, die auf deren Verwirklichung hinarbeitet. Das erste - das Ziel - gibt die Freimaurerei selbst vor. Beim zweiten, der inneren und äußeren Aktivität, wird an die Eigeninitiative jedes einzelnen Bruders appelliert.

Die Lehrart der Freimaurerei liefert uns im Grunde genommen beides: Zirkel und Winkelmaß.

Die allegorische Bedeutung des Zirkels ist das Maß des Forschens bzw. Suchens und die allegorische Bedeutung des Winkelmaßes ist die Richtigkeit des Handelns.

Die Freimaurerei bleibt aber substanziell profan, wenn bei den Brüdern die Aktivitäten des Zirkels überwiegen. Konkret: Wenn sich die Brüder nicht ebenso um die Verwendung des Winkelmaßes, das heißt nicht ebenso um die Verwirklichung der Werte, der freimaurerischen Lehrart und der Prinzipien außerhalb der Logen bemühen.

Das Substanzielle der Freimaurerei zeigt sich nicht in der äußeren Form, in seiner Struktur, in seiner Verwaltung oder in seiner Administration. Es zeigt sich ausschließlich im gelebten Geist jedes einzelnen Bruders, in der Verwirklichung des Zieles, wie es bereits im Ritual des ersten Grades aufgezeigt wird.

> *Der ehrwürdige Meister vom Stuhl fragt den 1. Vorsteher im Rektifizierten Schotten Ritus (Schweiz):*
>
> *„Bruder 1. Vorsteher, zu welchem Zweck vereinigen wir uns?"*
>
> *Der 1. Vorsteher antwortet, an alle Brr. gewandt:*
>
> *„Um uns mit dem Herzen und dem Geist in der Suche nach der Wahrheit zu bilden und um zu arbeiten zum Wohle und für den Fortschritt von uns und der ganzen Menschheit."*

Das Ziel ist klar. Könnte nicht trotzdem jeder Freimaurer mehr tun, das dem Wohl des Einzelnen und dem Wohl der Allgemeinheit dienlich wäre?

Was müsste die höchste Weisheit der Maurermeister unternehmen, um dies zu ändern? Vielen Brüdern ist die Humanität ein großes Anliegen und trotzdem führt das Handeln nur schwerlich zum Ziel.

Die Schwierigkeit besteht wohl darin, dass sich dieses Handeln oft vielfach auf äußerliche Gesichtspunkte beschränkt.

Wir Freimaurermeister erlangen unseren Grad formell im Ritual, ohne Rücksicht darauf, ob wir die Rechtwinkligkeit des Winkelmaßes genügend erreicht haben oder den Spitzhammer als Instrument der Willensbildung ausreichend nutzen.

Dieser Zustand verführt uns dazu, dass wir annehmen, wir besäßen nach der Erhebung zum Meister die erforderliche, meisterliche Weisheit. Wir können noch so viel wissen, aber nie die Weisheit erlangen.

Welche Bildung müssten wir uns folglich aneignen? Was müssen wir unternehmen, um eine Verhaltensänderung zu bewirken?

Eigentlich müssten wir nur zur Handlung schreiten und in die Praxis umsetzen, was wir in den Ritualen üben. Die tägliche Erfahrung zeigt, dass die Umsetzung eine mühsame Arbeit ist, die viel Zeit und Einsatz verlangt. Sie fordert völlige Hingabe und Energie, aber das Wesen von uns Menschen ist bequem.

Und trotzdem sind wir gefordert, umzusetzen und zu handeln im Sinne der freimaurerischen Lehrart. Umsetzen heißt, das wahre Wesen der Freimaurerei, die Essenz unseres Bundes, handlungsfähig zu machen.

Die dazu notwendige spirituelle Kraft liegt in den inneren Werten, im wahren Sein jedes Bruders.

Mit anderen Worten: Die Wirkung nach außen erwächst durch den Weg nach Innen. Dieser Weg erst befähigt uns Freimaurer nach außen zu wirken.

**„Die Welt lebt von Menschen,
die mehr tun als ihre Pflicht."**

Ewald Balser (1898-1978)

Nutzen wir vermehrt die starke Macht des Beispiels!

13. Freimaurer-Literatur (ausgewählte Werke)

Freimaurer-spezifische Literatur
(Pflichtliteratur für Freimaurer)

- Alte Pflichten von 1723 (1998): Die Bauhütte Bonn, 39 S., ISBN 3-930139-00-6
- Verfassung der zugehörigen Großloge
- Statuten der zugehörigen Loge
- Rituale der zugehörigen Loge

Freimaurer-spezifische Literatur
(diese Bücher sind nur für Brüder Freimaurer
im entsprechenden Grad erhältlich)

- Imhof Gottlieb (1983): Kleine Werklehre der Freimaurerei, 1. Das Buch des Lehrlings, Verlag SGLA Alpina, 160 S.
- Forschungsgruppe Alpina (2008): Das Buch des Lehrlings, Einführung in das Brauchtum des 1. Grades, Verlag SGLA Alpina, 54 S.
- Imhof Gottlieb (1983): Kleine Werklehre der Freimaurerei, 2. Das Buch des Gesellen, Verlag SGLA Alpina, 155 S.
- Forschungsgruppe Alpina (2008): Das Buch des Gesellen, Einführung in das Brauchtum des 2. Grades, Verlag SGLA Alpina, 43 S.
- Imhof Gottlieb (1983): Kleine Werklehre der Freimaurerei, 3. Das Buch des Meisters, Verlag SGLA Alpina, 137 S.
- Forschungsgruppe Alpina (2010): Das Buch des Meisters, Einführung in das Brauchtum des 3. Grades, Verlag SGLA Alpina, 44 S.

Standardwerke
(z.T. nur antiquarisch erhältlich)

- Appel Rolf (1986): Die großen Leitideen der Freimaurerei, 77 S., Bauhütten Verlag Münster, ISBN 3-87050-161-8
- Bokor von Charles (1988): Winkelmaß und Zirkel, 459 S., Pabel-Moewig Verlag, ISBN 3-81183308
- Dierickx S.J. Michel (1999): Freimaurerei - die große Unbekannte, Edition zum rauen Stein, 246 S., ISBN 3706514028

- Forschungsgruppe Alpina (2002): Handbuch des Freimaurers, Lausanne, 512 S.
- Lagutt Jan K. (1993): Grundstein der Freimaurerei, 190 S., Origo Verlag Bern, ISBN 3-282-00013-8
- Lennhoff Eugen, Posner Oskar, Binder Dieter A. (2011): Internationales Freimaurerlexikon, Herbig Verlag, 976 S., ISBN 3776650362
- Scherpe Wolfgang (1978): Das Unbekannte im Ritual, 477 S., Eigenverlag, Braunschweig
- Scherpe Wolfgang (2022): Das Unbekannte im Ritual, 544 S. Neuausgabe, Salier Verlag, Leipzig, ISBN 978-3-96285-037-1

Baurisse
(zur Vertiefung)

- Fischer Hans: Das Licht, das für sich selbst leuchtet, ist Finsternis, Schweizerisches Freimaurermagazin Alpina, 2012, 1, S. 7-9
- Fischer Hans: Der Bau am Tempel der Humanität, Schweizerisches Freimaurermagazin Alpina, 2011, 4, S. 103-105
- Fischer Hans: Das freimaurerische Geheimnis: wahr, unwahr, echt, Schweizerisches Freimaurermagazin Alpina, 2008, 6-7, S. 178/179

Neuere Freimaurer-Literatur

- MacNully Kirk W. (2006): Die Freimaurer, Das verborgene Wissen, F.A. Herbig Verlagsbuchhandlung GmbH, München, 320 S., ISBN 3-7766-2482-5
- Militz Philip (2009): Freimaurer in 60 Minuten, Thiele Verlag, 100 S., ISBN 978-3-85179-081-8

Philosophisches Werk

Marc Aurel (1990): Wege zu sich selbst, Artemis Verlag, Zürich und München, 227 S., ISBN 3 7608 1893 5

14. Verwendete Quellen

Literatur

- Alte Pflichten von 1723: Die Bauhütte Bonn, 39 S., 1998, ISBN 3-930139-00-6
- Verfassung der Schweizerischen Großloge Alpina (SGLA), Verlag SGLA Alpina, 2008
- Handbuch des Freimaurers, Forschungsgruppe Alpina, Lausanne, 512 S., 2002
- Das Buch des Lehrlings, Einführung in die Werklehre ersten Grades, Verlag SGLA Alpina, Forschungsgruppe Alpina, 54 S, 2008
- Leitfaden für den Paten, Schweizerische Großloge Alpina, 16 S., 1993
- Imhof Gottlieb: Kleine Werklehre der Freimaurerei, 1. Das Buch des Lehrlings, Verlag SGLA Alpina, 160 S., 1983
- Scherpe Wolfgang: Das Unbekannte im Ritual, Eigenverlag Dr. W. Scherpe, 1978
- Fischer Hans: Das Licht, das für sich selbst leuchtet, ist Finsternis (Bauriss), Schweizerisches Freimaurermagazin Alpina, 2012, 1, 7-9
- Fischer Hans: Schau in Dich – Instruktion für Lehrlinge, DAMCA Verlag, 106 S., 2. Auflage 2023, ISBN 978-3-910853-04-1
- Fischer Hans: Schau um Dich – Instruktion für Gesellen, DAMCA Verlag, 98 S., 2. Auflage, ISBN 978-3-910853-02-7

Internet

www.freimaurer.org	VGLvD, Vereinigte Großloge von Deutschland
www.freimaurerei.ch	SGLA, Schweizerische Großloge ALPINA
www.freimaurerei.at	Großloge von Österreich
www.freimaurer-wiki.de	Online Enzyklopädie
www.internetloge.de	Online Kompendium
www.muellerscience.com	Online Kompendium

15. Übersetzungen der wichtigsten Begriffe der Freimaurerei in vier Sprachen**

** Wir danken Br. Serge Leuzinger (i. Or. St. Gallen), dass er uns das Grundgerüst dieses Diktionärs zur Verfügung gestellt hat.

Deutsch	English	Français	Español
"es regnet"		"il pleut"	"Llueve"
abgeordneter ...	deputy	député	Diputado
Abzeichen	jewel, badge	signe distinctif	Signo distintivo
Adoptionsmaurerei	adoptive masonry	maçonnerie d´adoption	Masonería de adopción
Akademie	academy	académie	Academia
Akazie	acacia	acacia	Acacia
Alchemie, Alchimie	alchemy	alchimie	Alquimia
Allegorie	allegory	allégorie	Alegoría
allegorisch	allegorical	allégorique	Alegórico
Allerheiligste	Sanctum Sanctorum	Saint des Saints	Santo de los Santos
Allmächtiger / Großer Baumeister aller Welten	Great Architect of the Universe	Grand Architecte de l´Univers	Gran Arquitecto del Universo
A.B.a.W., G.B.a.W.	G.A.O.T.U.	G.A.D.U.	G. A. D. U.
Allsehendes Auge			Ojo divino
Almosen	all-seeing eye	Œil Divin	Limosnas, óbolos
Almosenbeutel	alms, alms bag	aumônes, oboles, sac d´aumônes	Saco de beneficencia
Alphabet freimaurerisches	masonic alphabet	alphabet maçonnique	Alfabeto masónico
Alt-Stuhlmeister	Past-, Past Master	Passé/ Ancien, P.-Maître, Ex-Venérable M. Ancien-Venérable M.	A.-Maestro, Ex-Venerable M., Pasado/ Antiguo
Altar	altar	autel	Altar
Alte Landmarken	Ancient (Antient) Landmarks	Anciens landmarks	Antiguos landmarks
Alte Maurer	Ancient Masons	Anciens maçons	Antiguos cargos / masones
Alte Pflichten	Old Charges	Anciens Devoirs	Antiguos Deberes
Alter freimaurerisches	masonic age	age (franc)maçonnique	Antigua era (franc)masona
Alter gesetzliches	lawful age	age légal	Edad legal
Alter symbolisches	symbolic age	age symbolique	Edad simbólica

Deutsch	English	Français	Español
Alter und Angenommener Schottischer Ritus A. A. S. R.	Ancient and Accepted Rite - A. & A. R.	Rite Ecossais Ancien et Accepté m - R. E. A. & A.	Rito Escocés Antiguo y Aceptado - R. E. A. A.
Amerikanischer Ritus, York Ritus	American Rite, York R.	Rite-Américain, R. de York m	Rito Americano, R. de York
Amtierender Großmeister	Ruling Grand Master	Grand-Maître en fonction m	Gran Maestre en funciones
Andreasgeselle	Fellow Craft of Saint Andrew	Compagnon de Saint André	Compañero de San Andrés
Andreaskreuz	cross of St. Andrew	Apprenti de St. André	Cruz de San Andrés
Andreaslehrling	Apprentice of St. Andrew	Croix de St. André	Aprendiz de San Andrés
Andreasloge	lodge of St. Andrew	loge de St. André	Logia de San Andrés
Andreasmeister	Master of St. Andrew	Maître de St. André	Maestro de San Andrés
Anerkennung	recognition	reconnaissance	Reconocimiento
Annahme	joining	affiliation	Afiliación
Anordnung	order	ordonance	Ordenanza
Anrede	address	discours (maçonnique)	Discurso
Anwesenheit	attendance	présence	Asistencia
Anwesenheitsbuch	attendance book	livre de présence	Libro de presencia
Anwesenheitsliste	attendance register, attendance list	liste de présence	Lista de asistencia
Anwesenheitsmarke	attendance token	jeton de présence	Marca de asistencia/presencia
Arbeit eröffnen	to open the lodge	ouvrir la loge / ovrir des traveau	Abrir la logia / abrir los trabajos
Arbeit schließen	to close the lodge	fermer la loge / f. des traveau	Cerrar la logia / cerrar los trabajos
Arbeit unterbrechen	to call from labour to refreshment	mettre en récréation, registre de présence	Poner en recesión
Arbeitstafel Arbeitsteppich	tracing board	tableau de loge, tapis de loge	Cuadro de logia, tapiz de logia
Arche königliche	Royal Ark	arche royale	Real Arco
Architekt	architect	architecte	Arquitecto

Deutsch	English	Français	Español
Archivar	librarian	archiviste	Archivero/a
Armenbeutel	alms bag	sac (tronc) d´aumones	Tronco de beneficencia
Armenpfleger	almoner	aumonier	Hospitalario/a
Auf mich meine Brüder	taking your time from / with me	à moi mes frères	A mí mis hermanos/as
Aufnahme	initiation	initiation	Iniciación
Aufnahmebegehren	application to be admitted	demande à étre reçu	Demanda de admisión
Aufseher 1.	Seniar Warden	Surveillant premier	Primer/a Vigilante
Aufseher 2.	Junior Warden	Survaillant deuxième	Segundo/a Vigilante
Auge, allsehendes	eye	œil devin m	Ojo que todo lo ve
Augenbinde	blind fold	bandeau	Venda
Auserwählter	elect	élu	Electo
Aushang	notice	affichage	Noticia
Auswärtige Mitglieder	country members	-----	Miembros externos
Band	ribbon	cordon, sautoir, ruban	Cordón, cinta
Bankett	banquet, festive board	banquet, repas fraternel	Banquete, comida fraternal
Banner	standard	étendard	Estandarte
Bannerträger	standard bearer	porte étendard	Portaestandarte
Barmherzigkeit	mercy	miséricorde	Misericordia
Bau	building	construction	Construcción
Bau des Tempels	building of the temple	construction du temple	Construcción del templo
Bauhütte, Loge	lodge	loge w, atelier	Logia, taller
Baumeister aller Welten	Architect of the Universe	Architecte de l´Univers	Arquitecto del Universo
Baumeister Allmächtiger	Almighty Architect	Architecte Tout-puissant	Arquitecto Todopoderoso
Baumeister Grosser	Great Architect	Grand Architecte	Gran Arquitecto
Bauriss	draft, plan	planche tracée	Plancha trazada
Baustein	stone, ashlar	pierre	Piedra de construcción

Deutsch	English	Français	Español
Beamte	officer, office bearer	officier	Oficial/a
Beamtenabzeichen	jewel	bijou d´officier	Joya de oficial
Beamtenband	collar	collier d´officier	Collar de oficial
Beamtenrat	Comité	commission des officiers, comité de loge	Comité de Oficiales, Comité de logia
Beförderung	passing	passage	Pase
Beharrender	-----	persévérant	Perseverante
behauener Stein	perfect ashlar	pierre cubique (parfaite)	Piedra cúbica (perfecta)
Beifallszeichen, Zustimmungszeichen	sign of agreement	batterie w, signe d´agrément	Batería, signo de asentimiento
Beigeordneter, Zugeordneter	assistant	adjoint	Asistente
Beitrag	dues, fee	cotisation	Cuota
Bekleidung maurerische	regalia	décors maçonniques	Vestimenta/decoración masónica
besuchender Bruder	visitor	frère, visiteur	Hermano/a visitante
Besuchsregelung	visiting agreement	droit de visite	Acuerdo de visita
Bibel	bible	bible	Biblia
Bibliothekar	librarian	bibliothécaire	Bibliotecario/a
Bijou	jewel	bijou	Joya
Binde	blind fold	bandeau	Banda
blaue Loge	craft lodge	loge bleue	Logia azul
blaue Maurerei	craft masonry	maçonnerie bleue	Masonería azul
blauer Grad	craft degree	Grade bleue	Grado azul
Bleiwaage, Setzwaage	level	niveau	Nivel
Bogen mit Schlußstein	arch with keystone	arche avec clé de voûte	Arco con clave de bóveda
Brauch freimaurerischer	masonic usage	usage maçonnique m	Uso masónico
Breite	width	étendue	Extendido
Brief	Letter	lettre	Carta, fórmulas en cartas:

Deutsch	English	Français	Español
- Schlußformel in Briefen: Ihr treuverb. Br.	- Fraternally Tours	Vous frère fidèle	Mi muy fraternales Hnos./nas:
Bruder m	brother	frère	Hermano/
- Br.	Bro.	Fr.	Hno.
Bruder,	Brother,	frère	Hermano
- Lieber Bruder N. N.	- Dear Bro. N. N.	chère frère	Querido Hermano (N.N.)
Bruderkette	chain of union, chain of brotherhood	chaine d´union	Cadena de unión
Bruderkuss	brotherly kiss	accolade fraternelle	Beso fraternal
Brudermahl	informal meal	agape fraternelle	Ágape fraternal
Bruderschaft	fraternity, brotherhood	fraternité	Fraternidad
Buch des Heiligen Gesetzes	Volume of the Sacred Law	livre de la loi sacrée	Libro de la ley sagrada
buchstabieren	to spell	épeler	Deletrear
Bürge, Pate	proposer + seconder	garant, parrain	Padrino, madrina
Bürgschaft	sponsorship	parrainage	Apadrinamiento/ amadrinamiento
Caritas	charity	charité	Caridad
Christliche Freimaurerei	Christian Masonry	F. M. chrétienne	Masonería cristiana
De-Molay-Orden	Order of de Moley	Ordre de Molay	Orden de Molay
decken (verlassen)	to leave	couvrir (quitter)	Dimitir (abandonar)
Deckung ehrenvolle	resignation	démission	Dimisión
Degen	rapier	épée	Éspada
Deismus	deism	déisme	Deismo
Dekret	decree	décret, balustre	Decreto
deputierter, stellvertretender	deputy	député	Diputado/a
deuten	to interpret	interpréter	Interpretar
Diagonale	diagonal	diagonal	Diagonal
Distrikt	district	district	Distrito
Distriktgroßloge	District Grand Lodge	Grande Loge du District	Gran Logia de Distrito

Deutsch	English	Français	Español
Distriktgroßmeister	District Grand Master	Grand Maître du District	Gran Maestro/a de Distrito
Dogma	dogma	dogme	Dogma
Doppelmitgliedschaft	dual membership	double appartenance	Doble pertenencia/asociación
dorisch	doric	dorique	Dórico
Drei Weltkugeln	Three World Globes	Trois Globes	Tres bolas del mundo
Dreieck	triangle	triangle	Triángulo
Dreifaltigkeit	trinity	trinité	Trinidad
Dreipunktebruder	-----	frère de trois points	Hermano/a de los tres puntos
Drudenfuß	pentagram	pentagramme	Pentagrama
dunkle Kammer	chamber of reflection	cabinet de réflection	Cámara de reflexión
dunkle Kugelung	black balled, negative vote	vote taché, vote rejet	Voto en negro, voto negativo
Eckstein	corner stone	pierre d´angle	Piedra angular
Ehrenmitglied	honorary member	membre d´honneur	Miembro honorario
Ehrenmitgliedschaft	honorary membership	honoraire	Membresía de honor
Ehrenrat	court of honour	conseil m d´honneur	Consejo de Honor
ehrwürdig (sehr)	worshipful (right, very)	(très) vénérable / respectable	(muy) Venerable/ Respetable
Ehrwürdiger Meister m (MvSt)	Worshipful Master	Vénérable Maître, Maître en Chaire	Muy Venerable Maestro/a (M.:V.:M.:)
Eid m, Gelöbnis	oath, obligation	serment	Juramento, promesa
Einrichtung (der Loge)	furniture (lodge)	décoration (de la loge)	Decoración (de la logia)
einschläfern (einer Loge)	to make dormant	mettre en sommeil (une loge)	Pase a sueños (una logia)
Einsetzung	installation	installation	Instalación
Eintritt ritueller	entering	entrée rituelle	Entrada ritual
Einweihung e. Br.	initiation	initiation	Iniciación
Einweihung e. L.	consecration	consécration	Consagración
Ekklektizismus	eclecticism	éclecticisme	Eclecticismo
Element(e)	element(s)	élément	Los 4 elemento(s)

Deutsch	English	Français	Español
-- Erde, Luft, Wasser, Feuer	-- earth, air, water, fire	-- terre, air, eau, feu	-- tierra, aire, agua y fuego
Entlassung ehrenvolle	demit	démission honorable	Dimisión
erhabener Grad	sublime degree	sublime grade	Grado sublime
erhabener Grad des Meisters	sublime degree of a master mason	sublime grade de maître	Grado sublime de maestro/a
Erhebung	raising	élévation	Elevación
Erkenne dich selbst	Get to know yourself	connais-toi-toi même	Conócete a tí mismo
Erkenntnis	knowledge	degré de connaissance	Conocimiento
Erkenntnisstufe	step of knowledge	pas m de reconnaissance	Paso de conocimiento
Erkennungszeichen	grip or token	signe de reconnaissance	Signo de conocimiento
Eröffnung	opening	ouverture	Apertura
Esoterik	esoteric	ésotérisme	Esoterismo
esoterisch	esoteric	ésotérique	Esotérico
Ewiger Osten	Eternal East, Grand Lodge Above	l´orient éternel	Oriente Eterno
Experte	expert	expert, diacre	Experto
Fahne	flag	drapeau	Bandera
Farbsymbolik	colour symbolism	symbolisme de la couleur	Simbolismo de los colores
Feuer (Tafelloge)	quick fire (festive board)	feu (loge de table)	Fuego (en tenida de ágape)
Finsternis	darkness	ténèbres	Tinieblas
flammender Stern	blazing star	étoile flamboyante	Estrella Flamígera
flammendes Schwert	blazing sword	épée flamboyante	Espada Flamígera
Form der Loge	form of the lodge	forme de la loge	Forma de la logia
Forschungsloge	lodge of research	loge de recherche	Logia de investigación
Frage	question	question	Pregunta
Französischer Ritus	French rite	rite francais	Rito Francés
freier Mann von guten Ruf	free man of good report	homme libre et de bonnes moeurs	Hombre/mujer libre y de buenas constumbres

Deutsch	English	Français	Español
Freimaurer	freemason	franc-maçon	Francmasón/a
Freimaurerei	freemasonry	franc-maçonnerie	Francmasonería
freimaurerische Regeln	masonic rules	règles maçonniques	Leyes masónicas
freimaurerähnliche Vereinigung	quasi masonic association	association paramaçonnique	Asociación paramasónica
Freundschaftsbürge	representative	garant d´amitié	Garante de amistad
Fundament	foundation	fondation	Fundación
Gabenpfleger	Charity Steward	élémosinaire	Limosnero
Gabensammlung	collection	tronc d´aumones	Tronco de beneficiencia
gedeckt (gehörig)	tyled (properly), close tyled	(dument) couvert	(debidamente) cubierto
- von außen	from outside	- extérieurement	- exteriormente
- von innen	from inside	- intérieurement	- interiormente
Geheimbund	secret society	société secrète	Sociedad secreta
Geheimnis	secret	secret	Secreto
Geheimschrift	secret code	code cryptogramme	Escritura criptográfica/código secreto
gehörig vorbereitet	properly prepared	dument préparé	Debidamente preparado
Gelöbnis, Gelübde	obligation	serment, obligation	Juramento, promesa
Gelöbnis, Gelübde ablegen	to take an obligation	prêter son obligation	Prestar juramento/solemne promesa
Geometer	geometrician	géomètre	Geómetra
Geometrie	geometry	géométrie	Geometría
gerecht und vollkommen	just and perfect	juste et parfait	Justo y perfecto
Geselle	Fellow Craft	compagnon	Compañero
Gesellenvesper	informal meal	repas fraternel	Comida fraternal
Gewölbe königliches	Royal Arch	l´Arche Royale	Real Arco
Gewölbe stählernes	steel vault	voûte d´acier	Voluta de acero
Gilde	guild	guilde	Gremio
Gleichnis	allegory	allégorie	Alegoría
Gnosis	gnosis	gnose	Gnosis

Deutsch	English	Français	Español
Gott	god	dieu	Dios
Gottesauge im Dreieck	all-seeing eye in a triangle	œil divin dans le delta	Ojo divino en el delta
Gottesleugner	atheist	athée m	Ateo
Grad	degree	grade, degré	Grado
Granatapfel	pomegranate	grenade	Granada
Griff	grip	attouchement m, griffe	Agarre, garra
Großbeamter	grand officer, officer of grand lodge	grand officier	Gran oficial
große Lichter	greater lights	grandes lumières	Grandes luces
Großkapitel	Grand Chapter	Grand Chapitre	Gran Capítulo
Großloge	Grand Lodge	Grand Loge	Gran Logia
Großmeister	Grand Master	Grand Maître	Gran Maestro/a
Grundgesetz	basic law	loi fondamentale	Ley fundamental
Grundlinie	base line	ébauche	Lina trazada
Grundriss	ground plan	tracé	Trazado
Grundstein	foundation stone	pierre de fondation	Piedra fundacional
Halbjahreswort	halfannual password	mot de semestre	Palabra del semestre
Halsband	collar	sautoir	Collar
Haltung aufrechte	rightours attitude	tenue droite	Posición recta
Hammer	gavel, mallet	maillet	Mallete - Maceta
Hammerführende	principal officers	officiers pricipaux	Oficiales principales
Hammerführung	ruling the lodge	diriger la loge	Dirigir la logia
Hammerschlag	knock	coup de maillet	Golpe de mallete - maceta
Handgriff	grip	attouchement	Toque
Handschuh	glove	gant	Guante
Hausgesetz	by-law	règlement intérieur	Reglamento interno
Hebel	lever	levier	Palanca
Heilige Zahl(en)	Sacred Number(s)	nombre(s) sacré(s)	Número(s) sagrado(s)
helleuchtend	all clear	pure et sons attaches	Puramente iluminado
Henkelkreuz	Egyptian cross	croix égyptienne	Cruz egipcia

Deutsch	English	Français	Español
Hermetischer Ritus	hermetic rite	rite hermétique	Rito hermético
Hexagramm	hexagram	hexagramme	Hexagrama
Hilfszeichen	sign of distress	signe de détresse	Signo de apuro o socorro
Hochgrad(e)	higher degree(s)	haut(s) grade(s)	Alto(s) grado(s)
Hochmittag	high time	midi plein	Mediodía en punto
Hochmitternacht	past high time	minuit plein m	Medianoche en punto
Hoffnung	hope	espoir	Esperanza
Hoher Hut, Zylinder	top hat	chapeau haut de forme	Sombrero de copa, chistera
Hypotenuse	hypotenuse	hypoténuse	Hipotenusa
Händeklatschen	quick fire	salve w, batterie	Batería
i. d. u. h. Z.	-----	p. l. n. q. n. s. s.	***.
im Osten von	-----	à l´orient de	Al Oriente de
in den ewigen Osten eingehen	pass to the Grand Lodge above	passer à l´Orient Eternel	Pasar al Oriente Eterno
in den uns heiligen Zahlen	-----	par les nombres qui nous sont sacrés	Por los números que nos son sagrados
in Ordnung	to order	à l´ordre	Al orden
Initiation	initiation	initiation	Iniciación
innere Kammer	inner chamber	chambre du milieu	Cámara del medio
innerste Kammer w, Allerheiligste	Sanctum Sanctorum	Saints des Saints m	Sancta Sanctórum
Installation w, Einsetzung	installation	installation	Instalación
Instruktionsloge	lodge of instruction	loge d´instruction	Logia de instrucción
ionisch	ionic	ionique	Iónico
irregulär	irregular	irrégulier	Irregular
Jahreswort	annual password	mot d´année	Palabra del año
Jakobsleiter	Jacob´s ladder	échelle de Jacob	Escalera de Jacobo
Johannes der Apostel	St. John the Evangelist	St. Jean l´Evangéliste	San Juan Evangelista
Johannes der Täufer	St. John the Baptist	St. Jean Baptiste	San Juan Bautista

Deutsch	English	Français	Español
Johannisfest	Festival of St. John	Fête de St. Jean	Fiesta de San Juan
Johannisloge	craft lodge	loge de St. Jean	Logia de San Juan
Johannismaurerei	craft masonry	maçonnerie bleue ou symbolique	Masonería azul o simbólica
Johannistag	St. John´s Day	solstice	Solsticio
Kammer dunkle	chamber of reflection	cabinet de réflexion	Cámara de reflexión
Kammer mittlere	middle chamber	chambre de milieu	Cámara del Medio
Kandidat	candidate	candidat	Candidato/a Postulante
Kapitel	chapter	chapitre	Capítulo
Kassenprüfer	Auditor	vérificateur, commissaires aux comptes	Examinador, comisarios de cuentas
Katechismus	catechism	catéchisme	Catecismo
Kelch der Bitternis	cup of bitterness	coupe d´amertume	Copa de la amargura
Kelle	trowel	truelle	Paleta
Kerze	candle	bougie	Vela
Kinder der Witwe	children of the widow	enfants de la veuve	Hijos de la Viuda
kleine Lichter	lesser lights	petites lumières	Pequeñas luces
Kleinodien	jewels, ornaments	bijoux	Joya, ornamentos
klopfen	to knock	frapper	Golpear
Knotenschnur	knotted cord	corde à noeuds	Cuerda de nudos
Kommandeur	commander	commandeur	Comendador
Konsistorium	consistory	consistoire	Consistorio
Konstitutionsbuch	book of constitution(s)	livre des constitutions	Libro de las Constituciones
Konvent	convent	convent	Convento
korinthisch	corinthian	corinthique	Coríntico
Korn	corn	grain	Grano
Kryptische Maurerei	cryptic degrees	maçonnerie cryptique	Masonería críptica
Kubischer Stein	perfect ashlar	pierre cubique	Piedra cúbica
Kugelung	ballot	vote a boules	Voto con bolas
Königliche Kunst w K. K.	Royal Art	art royal	Arte Real

Deutsch	English	Français	Español
Lade Zerubabels	ark of Zerubbabel	arche de Zoro-babel	Arco de Zoroba-bel
Lager n (A.A.S.R. XXXII.)	camp	campement (R.E.A.A.) m	Campamento (R.E.A.A.)
Lammfell	lambskin	peau d´agneau	Piel de cordero
Landesgroßloge	Land Grand Lodge	Grande Loge Nationale	Gran Logia Na-cional
Landesgroßmeis-ter	Land Grand Master	Grand Maître National	Gran Maestro/a Nacional
Landmarken	landmarks	landmarks	Landmarks
Lebensweise	way of life	façcon de vivre	Manera de vivir
Lebensweise rechtschaffene	square conduct	honnête manière de vivre	Manera de vivir honesta
Legende	legend	légende	Leyenda
Lehrart w, System	system	système m, en-seignement	Sistema, ense-ñanza
Lehre der Frei-maurerei	masonic tea-chings	enseignement maçonnique	Enseñanza ma-sónica
Lehrling	Entered Appren-tice	apprenti	Aprendiz/a
Lehrlingstafel	first degree tra-cing board	tableau d´ap-prenti	Cuadro de apren-diz
Leidender	sufferer	souffrant	Sufriente
Lemniskate	lemniscate (sym-bol abyss)	lac d´amour	Nudo de amor
Leuchter	candlestick	chandelier, flam-beau	Candelabro
Licht(er)	light(s)	lumière(s)	Luces(s)
- große	- greater	- grandes	- grandes
- kleine	- lesser	- petites	- pequeñas
Lichteinbringung	consecration	consécration	Consagración
Lichterteilung	light sharing	donner la lumière	Dar luces
Liebesmahl	agape, repast	agape fraternelle	Ägape fraternal
Loge	lodge	loge	Logia
Loge blaue, sym-bolische	craft lodge	loge bleue, sym-bolique	Logia azul, sim-bólica
Logenabzeichen, Bijou	jewel	bijou de loge	Joya de logia
Logengericht	lodge court of honour	tribunal	Tribunal

Deutsch	English	Français	Español
Logengründung	foundation of a lodge	fondation d´une loge	Fundación de una logia
Logenpass (Meister)	Grand Lodge Certificate	diplôme de maître	Diploma/pasaporte de maestro
Logenrede, -vortrag m	lecture	morceau d´architecture, planche	Plancha
Logenzeichen	crest	signe distinctif de loge	Signo distintivo de la logia
Lohn	payment, wages	salaire	Salario
Lot, Senkblei	plumb rule	fil a plomb	Plomada
Lufton	lewis	louveteau	Lobetón, lobatón
Länge	length	longueur	Longitud
längliches Viereck	rectangle	carré long	Rectángulo
Magna Charta	Magna Charta	Magna Charta	Carta Magna
Mann freier von gutem Ruf	free man of good report	homme libre et de bon moeurs	Hombre/mujer libre y de buenas
			costumbres
Markmaurerei	Mark Masonry	maçonnerie de marque	Masonería de Mark (Rito de Emulación)
Maurer	mason	maçon	Masón/a
Maurer ohne Schurz	mason widthout apron	maçon sans tablier	Masón sin mandil
maurerische Zeitrechnung	masonic time	ère maçonnique	Era masónica
Maurerwort	word	mot m, parole de maçon	Palabra, palabra de masón
Maurerwort des	word of a(n)	mot d´	Palabra de
- Lehrlings	- Entered Apprentice	- Apprenti	- Aprendiz
- Gesellen	- Fellow Craft	- Compagnon	- Compañero
- Meisters	- Master Mason	- Maitre	- Maestro
Maßstab	gauge	règle	Regla
Meister	Master Mason	Maître	Maestro
Meister vom Stuhl,	Ruling Master,	Maître en chair,	Maestro que ocupa el trono
Ehrwürdiger Meister	Worshipful Master	Vénérable Maître	Venerable Maestro
Meistererhebung	raising	élévation	Elevación
Meistergrad	Degree of Master Mason	Degré de / Grade de Maître	Grado de Maestro

Deutsch	English	Français	Español
Meistergriff	master mason´s grip	attouchement m	Toque de Maestro
Meißel	chisel	ciseau	Cincel
Metall(e)	metal(s)	métal / méteaux	Metal(es)
Mitglied	member	membre	Miembro
mittlere Kammer	middle chamber	chambre du milieu	Cámara del Medio
Mond	moon	lune	Luna
Musikwart	organist	organiste	Organista
musivisches Pflaster	chequered pavement	pavé mosaique	Pavimento mosaico
Mutterloge	mother lodge	loge mère	Logia madre
Mysterien	mysteries	mystères	Misterios
Nachfolger	successor	successeur	Sucesor
Neophyt	neophyte	néophyte	Neófito
Neuaufgenommener	initiate	initié	Iniciado
Not- und Hilfszeichen	grand or royal sign	signe de détresse	Signo de apuro o socorro
Obermeister des Ordens	Supreme Master of the Order	Grand-Maître de l´Ordre	Gran Maestro de la Orden
Oberster Rat	Supreme Council	Supreme Conseil	Supremo Consejo
Obödienz, Obedienz	constitution	obédience	Obediencia
Occident (Westen)	West	occident (ouest)	Occidente (oeste)
Öffentlichkeitsarbeit	public relations	Relations publiques	Relaciones públicas
Öffnung & Schliessung der Loge	opening & closing of the lodge	Ouverture & fermeture de la loge	Trabajos de apertura/cierre de logia
Öl	oil	huile	Aceite
Okkultismus	Occultism	occultisme	Ocultismo
Oktogramm	Octogramm	octogramme	Octograma
Opferbecher, Opferschale	offering cup, offering plate	coupe d´offrande	Copa de ofrenda
Orden	order	ordre	Orden
Ordens + Meister Weisester	Wisest Supreme Master of the Order	maître de l'ordre le plus sage	Serenísimo, Gran Maestro
Ordenskapitel	chapter of the order	chapitre de l'ordre	Capítulo de la Orden

Deutsch	English	Français	Español
Ordenslehre (Schwed. System)	teachings of the order (Swedish System)	Sérénissime Grand Maître chapitre de l´ordre enseignement m (Système suédois)	Aprendizaje (sistema sueco)
Ordensrat	council of the order	conseil de l´ordre	Consejo de la Orden
Ordner	deacon	diacre	Diácono
Ordnung	order	ordre	Orden
- in Ordnung !	- to order !	- a l´ordre !	- ¡Al orden!
- zur Ordnung rufen	- to call to order	- appeler a l´ordre	- Llamar al orden
Ordnungszeichen	sign of order	signe d´ordre	Signo del orden
Ordonanzen	Ordonances	ordonances	Ordenanzas
Orient, Osten	East	orient, est	Oriente (este)
- im Osten von		- a l´orient de	- al oriente de
Passgriff	passgrip	attouchement, griffe de passage	Toque de paso
Passwort	password	mot de passe	Palabra de paso
Pate, Bürge	proposer + seconder	parrain, garant	Padrino garante
Patenschaft	sponsorship	parrainage	Apadrinamiento
Patent	warrant	charte	Patente, Carta
Pentagramm	pentagram	pentagramme	Pentagrama
Perfectionsritus	rite of perfection	rite de perfection	Rito de perfección
Perfektionsloge	lodge of perfection	loge de perfection	Logia de perfección
Pfeiler	pillar	pilier	Pilar
Pflichten alte	old charges	anciens devoirs	Antiguos Deberes
Pforte	porchway	porte	Puerta
philosophisches Testament	philosophical will	testament philosophique	Testamento filosófico
Primitiver Ritus	simple rite	rite primitif	Rito primitivo
Prinz	prince	prince	Principe
- von Jerusalem	- of Jerusalem	- de Jerusalem	- de Jerusalén
- des Königliches Geheimnisses	- of the Royal Secret	- du Royal Secret	- del Real Secreto
- des Tabernakels	- of the Tabernacle	- du Tabernacle	- del Tabernáculo
Prinzipien	principles	principes	Principios

Deutsch	English	Français	Español
Prior	prior	Prieur	Prior
Pro-Großmeister	Pro Grand Master	Pro Grand Maître	Pro Gran Maestro
Probe	test	épreuve	Prueba
- körperliche	- physical	- corporelle	- corporal
Profane	profane	profane	Profano
Protokoll	minutes	protocole, planche tracée	Protocolo, plancha trazada
Protokollbuch	minute book	livre des tracés	Libro de protocolo, planchas trazadas
Provinzialgroßbeamter	Provincial Grand Officer	Grand Officier Provincial	Gran Oficial Provincial
Provinzialgroßloge	Provincial Grand Lodge	Grand Loge Provinciale	Gran Logia Provincial
Provinzialgroßmeister	Provincial Grand Master	Grand Maître Provincial	Gran Maestro Provincial
Quadratschrift	masonic alphabet	alphabet maçonnique	Alfabeto masónico
Quaste	tassel	houppe	Borla
Rat	council	conseil	Consejo
rauher Stein	rough ashlar	pierre brute	Piedra bruta
rechtwinklig	right-angled	rectangle	Rectángulo
rechtwinklig gehen (in der Loge)	to square (the lodge)	contourement à l´equerre	Andar en escuadra
Rede, Zeichnung	lecture	discours, planche	Discurso , plancha
Redner	orator	orateur	Orador
Regel	rule	règle	Regla
regelmässig	regular	régulier	Regular
Registe	register	registre	Registro
Regularisierung	make regular	régularisation	Regularización
regulär	just	juste	Regular, justo
Reise, Umführung	voyage, perambulation	voyage, pérambulation	Viaje
reisen, umführen	to perambulate	voyager, pérambuler	Viajar, realizar los viajes
Reisepatent	travelling warrant	charte de voyage	Patente de viaje
Reißbrett	tracing board	planche à tracer	Plancha de trazar
Rektifizierter Ritus	Rectified Rite	Rite Rectifié	Rito Rectificado

Deutsch	English	Français	Español
Richtscheit	level, ruler	règle	Escuadra, regla
Ritter	knight	chevalier	Caballero
- vom Rosenkreuz	- Rose Croix	- Rose Croix	- Rosacruz
- Konstantins	- of Constantine	- de Constantin	- de Constantino
Ritual	ritual	rituel	Ritual
Ritus	rite	rite	Rito
Rosenkreuz	Rose Croix	Rose-Croix	Rosacruz
Rosenkreuzer	member of the Rose Croix	rosicrucien	Rosacruciano
ruhende Loge	dormant lodge	loge en sommeil	Logia durmiente
Saal der verlorenen Schritte	ante room, tyler´s room	salle des pas perdus	Sala de los Pasos Perdidos
Sack	bag	tronc	Tronco
- der Witwe	- of the widow	- de la veuve	- de la Viuda
- der Wohltätigkeit	- charity bag	- de bienfaisance	- de beneficiencia
Salomo	Solomon	Salomon	Salomón
Salve	quick fire, battery	batterie	Batería
- Trauers.	- of sorrow	- de deuil	- de duelo
- Freudens.	- of joy	- d´allégresse	- de júbilo
- dreifache S.	- triple b.	- triple b.	- triple batería
Salz	salt	sel	Sal
Sanduhr	sandclock	sablier	Reloj de arena
Satzung	constitution	constitution	Constitución
Schaffner	steward	maître des banquets	Maestr de banquetes
Schatzmeister	treasurer	trésorier	Tesorero
Schlange mystische	mystic serpent	serpent mystique	Serpiente mística
Schlußstein	keystone	clef de voûte	Clave de bóveda
Schlüssel	key	clef m	Llave
Schmuckablegung	deprevation of all metals	dépouiller des mataux	Deshacerse de los metales
Schnittpunkt	point of intersection	point d´intersection	Punto de intersección
Schnur	rope, cord	corde	Cuerda
Schottische Maurerei 3 WK)	ecossais masonry	écossisme	Masonería escocesa
Schriftführer	secretary	secrétaire	Secretario

Deutsch	English	Français	Español
Schritt	step	pas	Pasos
Schulterkragen	collar	sautoir	Collar
Schurz	apron	tablier	Mandil
schwarze Kammer	black chamber	chambre noire, cabinet de reflexion	Cámara de reflexión
Schwedische Lehrart	Swedish Rite	Rite Suédois	Rito sueco
Schweigen	silence	silence	Silencio
Schwert	sword	épée	Espada
Schwesterloge	sister lodge	loge soeur	Logia hermana
Schärpe	sash	cordon	Banda
Schönheit	beauty	beauté	Belleza
Seitengrad	side degree	degré latéraux	Grados laterales
Sekretär	secretary	secrétaire	Secretario
Semesterwort	halfannual password	mot de semestre	Palabra del semestre
Senkblei	plumb rule	fil à plomb	Plomada
Setzwaage, Bleiwaage	level	niveau	Nivel
siebenarmiger Leuchter	menora	chandelier à sept branches	Candelabro de siete brazos
Siegelbewahrer	keeper of the seal	garde de sceaux	Guarda Sellos
Sinnbild	allegory	emblème, allégorie	Emblema, símbolo, alegoría
Sittengesetz	moral law	loi morale	Ley moral
Sohn der Witwe	son of the widow	fils de la veuve	Hijos de la Viuda
Sonne	sun	soleil	Sol
spekulativ	speculative	spéculative	Especulativo
Stab	wand	canne	Vara, bastón
Stahldach	steel roof	voute d´acier	Bóveda de acero
Stein	ashlar	pierre	Piedra
- behauener	- smooth a.	- p. parfaite	- p. perfecta
- kubischer	- perfect a.	- p. cubique	- p. cúbica
- roher	- rough a.	- p. brute	- p. bruta
- zerbrochener	- broken	- p. brisée	- p. rota
Steinmetz	operative mason	tailleur de pierres	Cantero, masón operativo

Deutsch	English	Français	Español
Steinmetzbruderschaft	brotherhood of masons	fraternité de tailleurs de pierres	Hermandad de los canteros
Steinmetzhammer	heavy maul	laie	Martillo de cantero
Steinmetzzeichen	mark	signe	Signo del cantero
Stern	star	étoile	Estrella
- flammender	- blazing s.	- flamboyante	- flamígera
Stiftshütte	tabernacle	tabernacle	Tabernáculo
Stiftungsfest	consecration festival, anniversary	fête anniversaire de la consécration	Fiesta de la consagración
Stiftungsurkunde	warrant	charte de consécration	Carta/patente de consagración
Strafzeichen	penal sign	signe pénal	Signo penal
streben	to aspire	aspirer	Aspirar a
Streichung	exclusion	radiation	Radiación
Strick	cord, rope	corde	Cuerda
Strikte Observanz	strict observancy	Stricte Observance	Estricta Observancia
Stufe	step	marche	Marcha
Stuhlmeister	Worshipful Master, Ruling Master	Vénérable Maître, Maître en chaire	Venerable Maestro en funciones
Stärke	strength	force	Fuerza
Suchender	candidate	cherchant	Candidado
Symbol	symbol	symbol	Símbolo
Symbolische Grade	symbolic degrees	grades symboliques	Grados simbólicos
System n, Lehrart	system, rite	système	Sistema, rito
Säule	column	colonne	Columna
- Weisheit	- wisdom	- sagesse	- sabiduría
- Stärke	- strength	- force	- fuerza
- Schönheit	- beauty	- beauté	- belleza
Tafelloge	festive board	travail (banquet) de table	Trabajo durante el ágape
Tau	cable tow	corde	Cuerda
Tempelarbeit	meeting	travail de loge	Trabajo de logia
Tempelhüter	tyler	couvreur	Guarda Templo
Tempelritter, Templer	knight templar	chevalier templier, templier	Caballero templario,Templario
Teppich	carpet	tapis	Tapiz

Deutsch	English	Français	Español
= Arbeitstafel	= tracing board	= tableau de la loge	= cuadro de logia
Testament	testament, will	testament	Testamento
Toast, Trinkspruch	toast	toast m, santé	Brindis
Toleranz	tolerance	tolérance	Tolerancia
Torhüter	tyler	couvreur	Guardatemplo (exterior)
Trauerarbeit	lodge of sorrow	cérémonie funéraire	Ceremonia funeraria
Trauerloge	lodge of remembrance	tenue funèbre	Tenida fúnebre
Trinksitten freim.	masonic drinking usage	feux maçonnique	Brindis masónico (fuego)
Tränen	tears	larmes	Lágrimas
unabhängig	independent	indépendant	Independiente
unbehauener Stein	rough ashlar	pierre brute	Piedra sin pulir
Unterbrechung der Arbeit	calling off	mettre la loge en récréation	Poner la logia en receso
Unterrichtsloge	lodge of instruction	loge d´instruction	Logia de instrucción
Ursprung	origin	origine	Origen
Verehrung	reverence, veneration	honneur	Honor
Verfassung	constitution	constitution	Constitucion
verlassen	to leave	quitter	Abandonar
- den T. in ritueller Form	- the t. in due form	- le t. d´une façon rituélique	- la tenida de forma ritual
Verpflichtung	obligation	obligation	Obligación
verschließbar	lackable	qui peut être fermé	Se puede cerrar
vertraulich	confidential	confidentiel	Confidencial
Verwaltungsgrad	administrative degree	grade d´administratif	Grado administrativo
vier Gekrönte, Quatuor Coronati	four crowned, Quatuor Coronati	quatre couronnés	Cuatro Coronados
Viereck	square	carré	Cuadrado
- längliches V.	- rectangle	- c. longe	- c. largo
vorbereiten	to prepare	préparer	Preparar

Deutsch	English	Français	Español
Vorbereitender	-----	frère préparateur	Hermano preparador
Vorbereitung	preparation	préparation	Preparación
Vorbereitungszimmer	preparation room, ante room	salle de préparation	Sala de preparación
Vorgänger	predecessor	prédécesseur	Predecesor/a
Vorhof	forecourt	parvis	Parvis
Vorschlag	proposition	proposition	Proposición
Vorsehung	providence	providence	Providencia
Vorsicht	caution	prudence	Prudencia
Vortrag	lecture	planche	Plancha
Waage	scale	niveau	Nivel
Wachhabender	inner guard	couvreur	Guardatemplo (interno)
Wahl	vote, ballot	vote m	Voto
- geheime	- secret v., b.	- secret	- secreto
Wanderung	voyage	voyage	Viajes
Wasserwaage	level	niveau d´eau	Nivel de agua
Wein	vine	vin	Vino
weiterführende Grade	steps of improvement	degrés complémentaires	Grados complementarios
Weiße Tafel	informal meal	banguet blanc	Banquete blanco
Wendeltreppe	winding staircase	escalier en colimaçon	Escalera de caracol
Werklehre	instruction	instruction	Instrucción
Werkmaurerei	operative masonry	maçonnerie operative	Masonería operativa
Werkstatt	workshop	atelier	Taller
Werkzeug(e)	working tool(s)	outil(s)	Herramientas
Winkel	angle	équerr	Escuadra
- rechter	- square	angle droit	ángulo recto
Winkelloge	clandestine lodge	loge irregulière, loge sauvage	Logia irregular, logia salvaje
Winkelmaurerei	clandestine masonry	maçonnerie irregulière	Masonería irregular
Winkelmaß	square	équerre	Escuadra
Witwe	widow	veuve	Viuda
- Kinder der W.	- children of the w.	- enfants de la v.	- Hijos de la Viuda

Deutsch	English	Français	Español
- Söhne der W.	- sons of the w.	- fils de la v.	
Wort	word	mot	Palabra
- heilige W.	- sacred w.	- m. sacré	- palabra sagrada
- verlorene W.	- lost w.	- parole perdue w	- palabra perdida
Würdenträger	distinguished brother, dignity	dignitaire	Dignatario/a
Zackenrand	tessellated border	bordure dentelée	Borde festoneado
Zahl	number	nombre	Número
- heilige Z.	- sacred n.	- n. sacré	- número sagrado
Zeichen n	sign	signe m	Signo
- freimaurerisches Z.	- masonic s.	- maçonnique	- masónico
- Ordnungsz.		- d´ordre	- de orden
- Strafz.	- penal s.	- s. pénal	- penal
- Trauerz.	- s. of sorrow	- s. de deuil	- aflicción
- uns Z. treten	- to stand to order	- se mettre a l´ordre	- ponerse al orden
Zeichnung, Baurіß	draft, plan, lecture	planche tracée, morceau d´architecture	Plancha trazada
- Z. auflegen, Vortrag halten	- to give a lecture	- tracer une planche	- trazar una plancha
Zeit	time	temps	Tiempo
Zeitrechnung freimaurer.	masonic time	ére maçonnique	Era masónica
Zenit	meridian	zénith	Zénit
Zeremonienmeister	director of ceremonies	maître des céremonies	Maestro de Ceremonias
Zeremonienstab	wand	canne w, verge	Vara, bastón ceremonial
Ziegeldecker	Tyler	couvreur, tuileur	Cubridor (Guardatemplo externo)
Zirkel	compasses	compas	Compás
Zirkel = Kränzchen	masonic club	triangle	Triángulo
Zollstock m, 24zölliger	gauge, 24 inch gauge	règle (graduée)	Regla de 24 pulgadas
zugeordneter Meister	Assistant Ruling Master	maître adjoint, assistant maître	Maestro adjunto

Deutsch	English	Français	Español
Zulassung	acceptance for	admission	Admisión
Zunft	guild	corporation	Corporación
Zylinder	top hat	chapeau haut de forme	Chistera

Der Autor

Br. Hans Fischer ist Mitglied der Loge St. Johann am Rhein i. Or. v. Schaffhausen. Er ist Alt-MvSt. und war Mitglied des Großbeamtenkollegiums der Schweizerischen Großloge Alpina. Er war Großprior und Nationaler Großmeister des Großpriorates von Helvetien des Rektifizierten Schottischen Ritus.

Hans Fischer (Dr. sc. nat. ETH, Ingenieur, Naturwissenschaftler, Unternehmer) ist Verfasser der drei Instruktionsbücher 'Schau in Dich', 'Schau um Dich' und 'Schau über Dich' sowie der Instruktion 'Die Dramaturgie für Beamte und Meister' und 'Die Alchemie, ihre Bedeutung für die Freimaurerei'.

Zudem ist er Autor von mehreren Ritualen und vielen im Schweizerischen Freimaurermagazin Alpina publizierten Baurissen. Ein weiteres lesenswertes Buch des Autors mit maurerischem Hintergrund ist „Lea, die kleine Philosophin" (ISBN 978-3-8423-8612-9), geschrieben für Menschen, denen Menschenliebe und Respekt vor der natürlichen Umwelt am Herzen liegen und die bereit sind, entsprechend zu handeln.

Vom gleichen Autor

Hans Fischer

Schau in Dich
Instruktion für Freimaurerlehrlinge

3. überarbeitete
und ergänzte Auflage, 2025

112 Seiten
mit vielen farbigen Abbildungen

Buch: ISBN 978-3-910853-04-1
eBook: ISBN 978-3-910853-05-8

Von Anfang an Freimaurerei richtig verstehen! Der Autor Hans Fischer, langjähriger Freimaurer. Altstuhlmeister und ehemaliges Mitglied des Grossbeamtenkollegiums der Schweizerischen Grossloge Alpina, legt mit diesem Standardwerk in zweiter Auflage das erste von drei Instruktionsbüchern vor, die dem jungen Bruder eine Basisausrüstung für seinen freimaurerischen Weg geben möchten.

In zeitgemässer Aufmachung und unterlegt mit vielen visuellen Eindrücken werden dem Freimaurerlehrling alle notwendigen Kenntnisse über Symbolik, Inhalte sowie das richtige Verhalten im Ritual und in der Loge nähergebracht.

Ergänzt werden diese Inhalte durch kurze Exkurse über die heutige Situation der Freimaurerei und der Zahlensymbolik.

im DAMCA-Verlag

Hans Fischer

**Schau um Dich
Instruktion für
Freimaurergesellen**

3. überarbeitete
und ergänzte Auflage, 2025

104 Seiten
mit vielen farbigen
Abbildungen

Buch: ISBN 978-3-910853-02-7
eBook: ISBN 978-3-910853-03-4

Der Gesellengrad wird in der Freimaurerei oft als ein Übergangsgrad zwischen der Aufnahme in den Bund und dem Grad des Meisters gesehen. Leider beschäftigen sich daher viele Freimaurer nur bedingt mit seinen Inhalten. Tatsächlich aber entspricht diese zweite Initiationsstufe dem längsten Teil des irdischen Lebens.

Der Gesellengrad beinhaltet die vielleicht wichtigsten freimaurerischen Lehren in Bezug auf die moralischen und praktischen Wertevorstellungen. Der Geselle begibt sich auf die Wanderschaft durch das Leben. Er erkundet die Welt und erlangt dabei viele neue Erkenntnisse.

Mit seinem zweiten Buch legt Hans Fischer ein weiteres Standardwerk für die in den Logen üblichen Instruktionen vor. Neben einer umfassenden Erklärung der einzelnen Symbole geht der Autor auf Besonderheiten in verschiedenen freimaurerischen Systemen ein, sodass auch langjährige Freimaurer hier viele neue Informationen finden können.

Der Roman zur Pandemie

Walter Plassmann
Viral
Das sechste Siegel

2025
254 Seiten

ISBN 978-3-910853-11-9

Ein Chefarzt kämpft um seine ärztliche Unabhängigkeit. Eine Gruppe einflußreicher Virologen sucht die Situation zu nutzen. Ein Gastronom sucht die Lücke. Und Brigitte fragt sich, ob das Virus nicht unvermeidlich war – aus Gründen, nach denen die Wissenschaft nicht sucht.

Die Pandemie zwingt allen Menschen Grenzerfahrungen auf und zeigt ihnen ihr wahres Gesicht. Die einen spielen skrupellos ihre neue Macht aus, die anderen verzweifeln – still oder laut.

Walter Plassmann blickt zurück auf diese Zeit, in der uns ein Spiegel vorgehalten wurde, in den nicht jeder hineinschauen wollte. Plassmann weiß, wovon er schreibt: In Pandemie-Zeiten war er verantwortlich unter anderem für die Organisation von großen Test- und Impfzentren.

Ein packender Roman voller Emotionen. Er deckt auf, er stellt Fragen, die bis heute nicht gerne gehört werden. Und er hat eine überraschende Antwort parat.